Ernst Friedrich

Vom Friedens-Museum
zur Hitler-Kaserne

Am Originalmanuskript wurden einige redaktionelle Veränderungen vorgenommen, die zur
besseren Verständlichkeit beitragen.

Wo ist Ernst Friedrich?

Bis zu Hitlers Machtergreifung bestand in Berlin in der Parochial-Strasse 29 das einzige Antikriegs-Museum der Welt. Gründer, Leiter und Vorkämpfer für das Museum und die Idee des Pazifismus in seiner ehrlichsten und überzeugtesten Form war Ernst Friedrich, der in allen friedensfreundlichen Kreisen bekannte Verfasser des eindrucksvollen Bilderbuches „Krieg dem Kriege", das im Kultur-Verlag, Berlin erschienen ist.

Die erste Tat der Nationalsozialisten, derselben Leute, die jetzt den Frieden preisen, um zum Krieg zu rüsten, war die völlige Zerstörung des Antikriegs-Museums und die Festsetzung Ernst Friedrichs. Seither ist Ernst Friedrich verschollen. Gerüchtweise wurde bekannt, dass man ihn anfangs zusammen mit Ossietzky und Renn in Oranienburg gefangen hielt. Aber auch das ist nicht sicher verbürgt, bestimmt weiss man nur, dass man ihn aus dem Gefängnis in Moabit herausgeholt hat, wo er die allerersten Wochen verbringen musste.

Der Kriegsdienstverweigerer Ernst Friedrich, der wegen antimilitaristischer Betätigung über sechs Jahre seines Lebens in Gefangenschaft verbracht hat, den die bürgerliche Regierung wie das jetzige Regime verfolgte, ist verschollen, und es besteht die ernste Gefahr, dass die heutigen Herren in ihrer „unglaublichen" Friedensliebe (die z.B. aus dem Antikriegs-Museum ein Kriegs-Museum gemacht hat) den Friedensfanatiker „auf der Flucht erschossen" oder ihm zum „Selbstmord" verholfen haben.

Alle, die den Frieden und die Vorkämpfer des Friedens lieben, werden gebeten, Nachforschungen nach Ernst Friedrich anzustellen und deren Ergebnis der Redaktion der „Freien Presse" mitzuteilen.

„Aufruf" aus der Emigranten-Presse

Hier ist er ...!

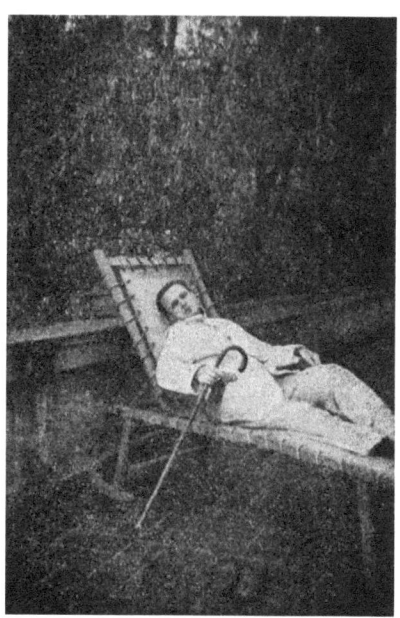

Nach 7-monatiger „Schutz"haft
im Krankenhaus

Das pazifistische Antikriegsmuseum in der Parochial=
straße 29 wurde, nachdem sein Leiter, Ernst Friedrich, in Schutzhaft genom=
men war, nachts erbrochen von der SA. Das gesamte Ausstellungs=
und Archivmaterial, sowie die in der Wohnung Friedrichs befindlichen Ge=
genstände: Kleider, Bücher usw. wurden im Ausstellungsraum auf einen
Haufen geworfen und angezündet, später wurde dann die Wasserlei=
tung durchschnitten und der Ausstellungsraum unter Wasser gesetzt, so daß
die Feuerwehr ihn auspumpen mußte. Einige Tage später drangen SA.=
Leute erneut ein, räumten die Ueberreste der vernichteten Gegenstände
heraus und richteten die Räume für sich her.

Aus: „Deutschland am Hakenkreuz"

Das „Erste Internationale Anti-Kriegs-Museum" wurde am 1. August 1923 von Ernst Friedrich in Berlin gegründet und im März 1933 von Hitler zerstört.

VOM FRIEDENS-MUSEUM ...
... ZUR HITLER-KASERNE

EIN TATSACHENBERICHT
ÜBER DAS WIRKEN
VON ERNST FRIEDRICH
UND ADOLF HITLER

2007

HERAUSGEGEBEN VOM ANTI-KRIEGS-MUSEUM, BERLIN

HERSTELLUNG UND VERLAG: BOOKS ON DEMAND GMBH, NORDERSTEDT

Impressum:

1. Auflage 1935, Genf/Schweiz

Neuveröffentlichung, Mai 2007

Lektorat:
Tommy Spree, Wolfgang Grätz, Dirk Weige

Buchgestaltung:
Katinka Schmidt, Nadine Vollmer, Manuela Spies, Dirk Weige, Jaime Vázquez, Tommy Spree

Copyright © Anti-Kriegs-Museum e.V., Berlin 2007
Alle Rechte vorbehalten

Herstellung und Verlag: Books on Demand GmbH, Norderstedt

Printed in Germany
ISBN 978-3-8334-9523-6

GEWIDMET
DEM FREUND UND MITKÄMPFER
PER GYBERG

Per Gyberg
der hervorragende schwedische
Friedenskämpfer

Mein lieber Per!

Dir habe ich dieses Buch gewidmet. Nimm es als ein Zeichen des Dankes für Deine treue Waffenbrüderschaft in meinem Krieg gegen den Krieg.

In all den Jahren, da ich mit geistigen Waffen gegen Maschinengehirne kämpfte, da warst Du mir ein lieber Kamerad, der mich aufmunterte, wenn ich müde wurde, der mich stützte, wenn mich die Kräfte verließen.

Als Du hörtest, ich sei wieder in Gefangenschaft, da bist Du von der Kanzel herabgestiegen, hast Dich vom hohen Norden auf den weiten Weg begeben, um mich in irgendeiner deutschen Gefängniszelle aufzusuchen, um mir die herzlichen Grüße meiner schwedischen Gesinnungsfreunde zu überbringen. Da wurde es hell im Dunkel meines Kerkers, da fühlte ich mich so frei in meiner Gefangenschaft! Nach zwanzigjähriger Arbeit für den Völkerfrieden wurde mein Lebenswerk das „Anti-Kriegs-Museum" durch Hitler zerstört, meine Friedensbücher hat er auf dem Scheiterhaufen verbrannt, meine Gesundheit in langer Schutzhaft ruiniert.

Alles wurde mir genommen, nur eines konnte man mir nicht nehmen: meinen Willen! Der ist ungebrochen!! Und mit diesem Willen werde ich jetzt wieder ganz von vorne anfangen. Aus den Ruinen des ersten „Internationalen Anti-Kriegs-Museums" wird ein zweites, größeres Friedenswerk erstehen!

Ich esse jetzt das bittere Brot der Emigration, werde von Land zu Land gejagt, aber ich verliere den Mut nicht und erst recht nicht die Hoffnung auf den endlichen Frieden für alle Völker und für mich.

Deine Freundschaft begleitet mich auf meinem Weg … in meiner Brusttasche trage ich einen Brief, den ich Dir im Juni 1931 schrieb, und den Du mir vor einigen Tagen zuschicktest, um mich zu erinnern an schwere, glimpflich überstandene Kämpfe.

Damals, 1 ½ Jahre vor der Entmündigung des deutschen Volkes durch Adolf Hitler, schrieb ich Dir und den schwedischen Friedensfreunden diesen Brief, den ich jetzt und immer wieder lese:

Brüder! Schwestern!

Zufällig in Freiheit, sende ich Euch herzlichste Friedensgrüße aus dem Lande, in dem ein Soldatenstiefel mehr gilt, als ein Herz voll Liebe.

Im selben Augenblick, da ich Euch diese Zeilen schreibe, knallen draußen auf der Straße Pistolenschüsse, trägt man die Toten und Verwundeten des unglückseligen Bruderkrieges ins Hospital. — Gestern erst machte ich beiliegende Photographien; es sind Versuche von Barrikadenbauten.

Heute noch kann ich meine Stimme erheben gegen Wahnsinn — (Wahrhaftig: die Menschen sind krank, wahnsinnig!) — bald aber wird mein Mund verstummen, denn die Gewehrkugeln sind von größerer Durchschlagskraft als Menschenworte.

Dennoch und trotz alledem und gerade weil es so ist, weil die Menschheit krank ist, muß ich mein Sanatorium der Besinnung, mein „Anti-Kriegs-Museum" geöffnet halten, so lange das Straßenpflaster noch nicht aufgerissen ist.

Auf Euch, liebe Brüder und Schwestern, blicke ich voll Vertrauen und Hoffnung auf Eure weitere Friedensarbeit.

Ihr seid ein zahlenmäßig kleines Volk, aber so, wie man mit einem Streichholz einen Weltbrand entfesseln kann, so kann und wird der Funke Eurer Friedensbegeisterung die Herzen der Welt entflammen, daß die Menschen ihre kalten Hände daran wärmen können!

Die Herzen hoch!
Die Liebe über alles!!
Dann ist die Welt schön
Und der Mensch ist gut!

Ernst Friedrich.

Mit einem Eimer voll Mörtel und zehn Ziegelsteinen fing ich an. Mehr Geld hatte ich nicht. Aber dafür um so mehr Ideen.

Mit diesem Eimer voll Mörtel ging ich in den Keller des Hauses Parochialstraße 29, das ich aus den Erträgnissen meiner Bücher erworben hatte — ein uraltes, wackliges Ding — und klebte zunächst die großen Löcher im Erdgeschoß zu, womit ich den vielen Ratten bedeuten wollte, daß nunmehr der Eintritt verboten sei.

Das war sozusagen der feierliche Akt der Grundsteinlegung des „Ersten Internationalen Anti-Kriegs-Museums".

Bald folgte Stein auf Stein. Ein kleines Baugeschäft in der Nachbarschaft räumte mir vertrauensvoll einen Kredit in Höhe von Mk. 3,— pro Woche ein, so daß ich jetzt schon in der Lage war, den Mörtel nicht mehr eimerweise, sondern in „größeren Posten", d. h. *kastenweise*, zu erwerben. Immerhin hätte eine solch primitive Bauweise, nach fachmännischen Berechnungen, etwa 10 Jahre gedauert. Wenn ich diese alte, baufällige Baracke aus dem 17. Jahrhundert zu einem modernen Museum umbauen wollte, dann bedurfte es vor allem großer finanzieller Mittel, um einen Stab geschulter Maurer und Zimmerleute, Dachdecker und Architekten engagieren zu können.

Ich bemühte mich vergeblich um finanzielle Hilfe.

Geld ist eben nur für Krieg und Kriegsrüstungen zu haben. Millionen und Milliarden werden alljährlich für den organisierten Menschenmord verpulvert.

Für den Frieden, für die Errichtung einer Friedenszentrale, wie es das „Anti-Kriegs-Museum" war, konnte ich kein Geld auftreiben.

So arbeitete ich wochenlang, ganz allein, mit der Maurerkelle, mit Picke und Schaufel. Manchmal kamen gute Freunde, die meiner Sisyphusarbeit wohlwollend-lächelnd zuschauten, wenn ich, im finsteren Kellergewölbe — bei Kerzenbeleuchtung — schuftete. Während ich unten die Löcher zustopfte, regnete es oben zum Dach hinein.

Da kam mir der „alte Joseph" zu Hilfe. Ein tüchtiger Maurer — wenn eine Bierflasche neben ihm stand.

Josephs Mörtelkasten durfte leer werden.

Die Bierflasche nicht.

Dann war es aus mit seinem Fleiß.

Wenn Joseph nüchtern war, pflegte er mir Vorträge zu halten: „Ernst, du bist ein feiner Junge, aber das muß ich dir sagen, du wirst in deinem ganzen Leben nicht fertig mit der alten ‚Bruchbude'."

Diese Meinung änderte Joseph erst, als sein

Der „alte Joseph" und Ernst Friedrich

fachmännisches Auge nicht mehr auf „die alte Bruchbude", sondern auf eine Bierflasche blickte.

„Man kann's ja versuchen," pflegte er dann zu sagen, versuchte erst einmal das „flüssige Brot", und — nach vielen derartigen Versuchen — begann er mit der Arbeit.

Ich schleppte die Steine aufs Dach, wobei Joseph ängstlich darauf bedacht war, daß in regelmäßigen Abständen von 49 Steinen als Nr. 50 eine neue Bierflasche auf der Mauerbrüstung stand. Und je nachdem, ob Joseph nüchtern war oder einen sitzen hatte, je nachdem arbeitete ich mit ihm — oder allein.
So vergingen die ersten Wochen.
So drohten Jahre zu vergehen.
Ohne Hoffnung auf finanzielle Hilfe.

Ich verkaufte meine Anti-Kriegsbücher zu Schleuderpreisen und erreichte auf diese Weise, daß ich zwar große Verlustgeschäfte abschloß, aber andererseits größere Barmittel in die Hand bekam, um endlich *fuhrenweise* Mörtel kaufen zu können. Eine Kolonne guter Facharbeiter wurde eingestellt. Ein Architekt arbeitete nach meinen Plänen die Bauzeichnungen aus.
Nun wurde mit Hochdruck gearbeitet!
Zunächst sollte ein großer Ausstellungs- und Vortragssaal, mit Bühne und Kinoeinrichtung, geschaffen werden. Dazu war notwendig, sämtliche Zimmerwände abzubrechen und Decken und Mauern der oberen Etage durch große, eiserne Träger abzufangen. Das ganze Treppenhaus mußte abgerissen und verlegt werden, um mehr Platz zu schaffen. Trotzdem erwies sich der so geschaffene große Versammlungssaal später als noch viel zu klein.
Ein weiterer großer Schleuderverkauf meiner Bücher ermöglichte den Ankauf des benachbarten, hinteren Grundstückes.
Mein neuer Plan: den zwischen diesen beiden Häusern liegenden Hof durch ein doppeltes Glasdach zu überbrücken, die Rückfront des Vorderhauses und die Vorderfront des Hinterhauses durch eiserne Träger abzufangen, und so das Parterre beider Häuser zu einem langen Ausstellungssaal zu verbinden — verschaffte meinem Architekten die ersten grauen Haare, deren er im Laufe des viele Monate dauernden Umbaues noch mehr bekommen sollte.
Im Verhältnis zur Länge mußte der Saal jetzt auch *höher* werden.

Das war nur möglich, wenn der Fußboden im Parterre *tiefer* gelegt wurde. Also das ganze Grundstück ausschachten! Einen Meter tiefer legen!
Inzwischen wurde oben eine Etage aufgestockt.

Mehrere Abfuhrgeschäfte schickten ihre Fuhrwerke, um die Massen von Schutt abzuholen, die auf die Straße geworfen wurden. Es waren über 200 solcher Doppelfuhren Schutt, die im Laufe der Zeit weggeschafft werden mußten.

Der Polizei kam das höchst verdächtig vor.

Tüchtige Beamte müssen die Fuhrwerke gezählt und errechnet haben, daß Ernst Friedrich, sicherem Ermessen nach, einen unterirdischen Gang zum nahe gelegenen Polizeipräsidium graben ließ, um dieses segensreiche Institut in die Luft zu sprengen!

Tatsächlich erschienen eines Tages einige tüchtige Kriminalbeamte, um diesen „unterirdischen Gang" — denn warum wurde täglich so viel Schutt und Erde abgefahren? — zu besichtigen!

Das Tieferlegen des Saales brachte — außer der Polizei — ein fast noch größeres Übel: die Feuchtigkeit! Aber dieses *letztere* Übel ließ sich beseitigen. Eine Asphaltfirma schickte ihren Fuhrpark, um diese Feuchtigkeit zu isolieren.

Unten im Saal wurde Asphalt gelegt! Als das geschehen, kam auf diese Teerschicht eine dicke Schicht Zement und endlich, um auch die Fußkälte zu isolieren: eine Schicht Kork.

So wurden beide Häuser von unten bis oben vollständig erneuert.

Die Umbauten und Neubauten dauerten im Grunde genommen *jahrelang*, denn Jahr um Jahr vergrößerte sich der Bestand des „Anti-Kriegs-Museums", immer neues Material wurde erworben, immer mehr Platz mußte geschaffen werden.

Später kam die Einrichtung einer modernen Buchdruckerei hinzu. Allein die Aufmontierung der großen und schweren Zeitungsdruckmaschine erforderte einen erneuten Umbau in der ersten Etage.

Öfen wurden gesetzt. Wasserleitungsröhren gezogen. Gas mußte gelegt werden. Eine elektrische Lichtanlage wurde installiert. Hierbei gab es besonders große Schwierigkeiten, denn obwohl die Parochialstraße im Zentrum Berlins gelegen ist, gab es in dieser Straße, in dieser Großstadt, im Jahre 1923 noch kein elektrisches Kabel!

Schließlich mußte das Straßenpflaster in seiner ganzen Länge — bis zum Anschlußkabel in der Nachbarstraße — aufgerissen werden, um Kabel für elektrisches Licht zu legen.

Das Geld ging mir aus und meinem Architekten die Haare; denn neue Ideen brachten immer neue Aufgaben, die immer wieder gelöst werden mußten.

„Bauen ist eine Lust,
aber hätt' ich gewußt,
was es kust,
hätt' ich's lieber gelust."

Dem Museum sollte eine internationale „Friedensschule" angegliedert werden. Lehrkräfte und Schüler mußten im Hause billig und gut untergebracht werden.

Internationalen Gästen wollte das Museum ein gemütliches Heim bieten. Einige Zimmer wurden darum freigehalten und einfach, aber individuell, ausgestattet: ein Franzosenzimmer, ein englisches Zimmer usw. Eine große Küche war vorhanden, ebenso ein sehr schönes Bad.

Schließlich, nachdem der Innenausbau fertig war, ließ ich die Fassade umändern und neu verputzen. Neue Fensterrahmen wurden eingesetzt; die Scheiben in einer Glasbläserei extra gebogen.

Ein über die ganze Hausfront reichender Blumenbalkon wurde angebracht. Im Sommer wucherten unzählige rote Geranien und blaue „Himmelsschlüsselchen" vom Balkon herab. Im Winter standen dort niedliche kleine Tannenbäumchen.

Und die Tiere? Wellensittiche teilten das „Märchenzimmer" mit mir. Natürlich waren diese gefiederten Freunde nicht in Käfigen eingesperrt (diese Grausamkeit lehnte ich ab, aus eigener Erfahrung). Die Zwergpapageien flogen völlig frei herum und legten fleißig ihre Eier in die an Wänden hängenden Brutkästen.

Und die Menschen? Für die hatte ich einen Spruch gewählt, der, in Bronze gegossen, am Hauseingang hing:

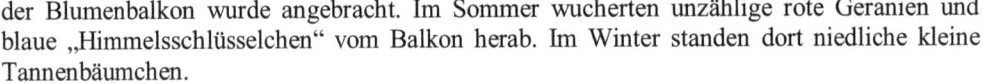

Wenn der Mord wie die Pest um sich greift und Tausende und Millionen Menschenleben vernichtet, weshalb sollte die Liebe, angeregt durch das eigene, gute Beispiel, nicht ebenso rasch um sich greifen, und alle Menschen glücklich machen?

Ernst Friedrich

Ich darf ohne Übertreibung sagen und eine spätere Prämiierung des schönen Hauses durch die „Gartenbaugesellschaft" bestätigte das:

das „Anti-Kriegs-Museum" zählte schon rein äußerlich zu den besonderen Sehenswürdigkeiten Berlins.

Maler und Photographen postierten sich täglich vor dem Museum. Die gesamte republikanische Presse erkannte das Werk an.

Die städtischen Behörden unterstützten mich weit möglichst durch Leihgaben und Geschenke an Möbeln, Büroeinrichtungen etc.

In Anerkennung meiner künstlerischen Verdienste spendete die „Kunstdeputation" einen nennenswerten finanziellen Beitrag.

Das „Kultus- und Bildungs-Ministerium" anerkannte meine kulturellen Bestrebungen durch eine finanzielle Gabe.

Mit einem Eimer Mörtel und zehn Ziegelsteinen fing ich an!

Viel Schweiß und noch mehr Geld hab' ich verloren.

Aber jetzt war ich glücklich: das erste „Anti-Kriegs-Museum" war aus Berlin nicht mehr wegzudenken.

Im städtischen Führer wurde es an erster Stelle für einen Besuch empfohlen.

Die großen Reisegesellschaften lenkten ihre Autos mit den ausländischen Gästen in die Parochialstraße. Die Führer zeigten auf das Haus, riefen mit lauter Stimme: „Das erste ‚Anti-Kriegs-Museum'!" und erklärten die Bedeutung dieser Stätte.

Das sah und hörte ich oftmals, wenn ich in der ersten Etage hinter den Fenstergardinen stand und hinausschaute.

Da war ich oft recht zufrieden über das Geschaffene.

Da war ich manchmal recht glücklich in dem Gedanken: Du hast dich doch nicht umsonst geplagt …

Blick in den Ausstellungs- und Vortragssaal: Im Hintergrund die Bühne und der Aufgang zu den oberen Räumen. Tische, Kästen etc. sind zusammenklappbar, so daß der Ausstellungssaal in wenigen Minuten durch Aufstellen von Stühlen in einen Versammlungssaal umgewandelt werden kann.

Das alte Haus Parochialstraße 29, wie es Ernst Friedrich erwarb ...

... und wie er es umbaute.

Ein schönes Friedenssymbol im Anti-Kriegs-Museum: An einem deutschen Bajonett hängt ein französischer Stahlhelm, als Blumentopf.

Warum ein Anti-Kriegs-Museum?

Deutschland ist eine Republik — dachte ich.

Deutschland will den Frieden — dachte ich.

In einer Republik des Friedens muß es doch auch ein Friedens-Museum geben — dachte ich.

Da aber die pazifistische Republik kein Geld für ein solches Friedenswerk hatte (ein Panzerkreuzer war nötiger und teurer), so kam ich auf den dummen Gedanken, ein „Anti-Kriegs-Museum" zu errichten: im Mittelpunkte Deutschlands, im Herzen Preußens, im Zentrum Berlins. (Fünf Minuten vom Polizeipräsidium.)

Deutschland hat Tausende der verschiedensten Museen und Sammlungen, in denen kalte Steine, alte Möbel, verrostete Töpfe und ähnlich gewichtige Dinge zur Schau gestellt sind.

Warum zeigt man nicht die Schrecknisse des Krieges in einer Friedens-Republik?

In städtischen und staatlichen Häusern bestaunt man riesige Skelette der vierbeinigen Kriechtiere von anno domini.

Warum zeigt man nicht in Originalphotographien die zweibeinigen „Kriegstiere", wie sie sich vier Jahre lang in Gräben und Höhlen gegenseitig zerfleischten?

Jede deutsche Stadt ist stolz auf ihr Museum oder ihre Sammlung.

Das entzückte Auge des braven deutschen Bürgers bestaunt die Schnupftabakdose von Friedrich dem Großen; in kostbaren Rahmen hängen unsere seeligen und unseeligen Vorfahren an den Wänden.

Warum zeigt man nicht Granatsplitter und Mordwerkzeuge, die unsere Leiber verstümmeln und zerfetzen?

Es gibt kein Land der Welt, das so bespickt ist mit Kaiser- und Kriegsdenkmälern, mit (Ab-)Schlachtgemälden, mit Fahnen und Uniformen und Orden — wie das „friedliche" Deutschland!

In Berlin gibt es ein ganzes großes „Zeughaus", wo all das viele Zeug ausgestellt ist, das zu allen Zeiten — von Otto dem Faulen bis zu Adolf dem Größenwahnsinnigen — zum Menschenmorden benötigt wurde.

Warum nicht ein Haus des Friedens, das unsere Kinder frühzeitig unterrichtet, wie schrecklich der Krieg ist und wie schön das Leben sein könnte, wenn die Menschen endlich aufhören würden, sich gegenseitig zu hassen und zu töten!

Die Staatsmänner haben nicht begriffen, was Kinder erkannten. In einem Schulaufsatz (veröffentlicht im „Berliner Tageblatt" vom 28. Januar 1930) schreibt ein kleiner Schüler nach dem Klassenbesuch des „Zeughauses" und des „Anti-Kriegs-Museums" in einem Schulaufsatz:

„Am Montag gingen wir zum ‚Anti-Kriegs-Museum' und zum ‚Zeughaus'. Auf dem Hofe des ‚Zeughauses' waren große Kanonen. Dort sahen wir auch eine Granate der ‚dicken Berta', die 42 Zentimeter Durchmesser hat. Vom ‚Zeughaus' bis Babelsberg reicht die Schußweite einiger Kanonen, deren Granaten 5500 Splitter geben. Der Bau der Kanonen ist etwas eigenartig. Auf dem Hofe sind nur wenige Kanonen vom Weltkriege. Vom Weltkriege ist sonst nicht viel vorhanden, dagegen aus dem Mittelalter und aus den Kriegen der folgenden Jahrhunderte.

Dann gingen wir zum ‚Anti-Kriegs-Museum'.

Wir staunten, daß es so klein ist, wo doch das ‚Zeughaus' so groß ist. Dafür hat der Staat Geld; aber nicht für ein ‚Anti-Kriegs-Museum'. Dort sahen wir Bilder von Soldaten, die Granatsplitter ins Gesicht bekamen oder deren Körper getroffen und dadurch entstellt wurden. *Auf einem Tisch war eine Waage, die auf der einen Seite ein Seitengewehr und auf der anderen nützliches Werkzeug zeigte.*

Dies war ein Vergleich, der uns zeigt, wieviel nützliches Handwerkszeug man aus einem einzigen Seitengewehr herstellen könnte.

An den Wänden hingen Bilder, auf denen man sah, was für ein Elend die Mütter und Kinder im Krieg litten. Dann erzählte uns der Lehrer, daß der Inhaber des ‚Anti-Kriegs-Museums‘, der Schriftsteller Ernst Friedrich, schon im Gefängnis saß wegen seiner Anti-Kriegsreden und -schriften.

Im ‚Anti-Kriegs-Museum‘ bekamen wir erst einen Begriff, wie der Krieg in Wirklichkeit aussieht.“

Daß dieses Friedensmuseum eine Existenzberechtigung in einem Friedensstaat hatte, leuchtete den Reaktionären allerdings nicht ein. Zwar heißt es im Artikel 148 der deutschen Verfassung:

*„**In allen Schulen** ist sittliche Bildung, staatsbürgerliche Gesinnung, persönliche und berufliche Tüchtigkeit im Geiste des deutschen Volkstums und der **Völkerversöhnung** zu erstreben.“*

In der „Deutschen Verfassung" steht auf der ersten Seite, an erster Stelle, wörtlich Folgendes:

*„Das deutsche Volk ist von dem Willen beseelt, dem inneren und äußeren **Frieden** zu dienen.“*

Das deutsche Reich hätte daher — als *erstes* unter den Völkern der Welt — die höchst ehrenvolle Aufgabe, wenigstens ein Friedensmuseum zu errichten und dafür eines von den tausend Kriegsdenkmälern, die in Deutschland wie Pilze aus der Erde schießen, weniger aufzustellen.

Es gäbe doch wahrlich kein schöneres Gedenken und keine größere Ehre für die dem wilhelminischen Größenwahnsinn nutzlos geopferten Helden, als etwa die Hergabe eines kaiserlichen Schlosses für die Errichtung eines „Anti-Kriegs-Museums“.

Das wäre in Wahrheit das herrlichste, das schönste „Reichsehrenmal“, das man errichten könnte.

Ein solches Friedensmuseum im Herzen Deutschlands würde aller Welt verkünden, daß es dem deutschen Volke wirklich ernst ist mit den Friedensbeteuerungen, daß das deutsche Volk von dem Willen zum Frieden *beseelt* ist!

Aber Deutschland ist das Land der unbegrenzten Widersprüche.

Was die Verfassung in einem Artikel verspricht, hebt ein anderes Gesetz wieder auf. Was eine Behörde belohnt — bestraft die andere.

Was heute erlaubt ist — morgen ist es verboten!

Haupttätigkeit jedes deutschen Staatsbeamten — vom Polizisten bis zum Minister — ist das Fischen von Paragraphen in uralten Gesetzbüchern und das Erfinden neuer Gesetzesschlingen.

Jeder rechtschaffene deutsche Staatsbürger ist den Behörden hierbei „nach bestem Wissen und Gewissen" behilflich. Schließlich lebt das ganze Volk vom Halten und Übertreten der alten und neuen Gesetze.

Wer eine Anzeige unterläßt — wird bestraft.

Wer eine Anzeige erstattet — ist Denunziant.

Kein Mensch kennt sich richtig aus.

Die deutschen Staatsbürger leben mehr von Gesetzen und Paragraphen als von Brot und Milch.

Wer zuerst einem anderen seine Gesetzesschlinge um den Hals geworfen hat, kann sich eine Prämie auf dem nächsten Polizeirevier holen.

Nirgends auf der Welt gibt es so viel Polizisten und Gerichtsvollzieher, so viel Gerichtsschreiber und Staatsanwälte, so viel Gerichtsgebäude und Gefängnisse, Zuchthäuser, Arbeitshäuser und Zwangserziehungsanstalten wie in Deutschland.

Der deutsche Bürger kennt nur „Befehle" und „Verbote".

Er ist gut paragraphiert und exerziert, diszipliniert und militarisiert. In diesem Lande — unter diesen Menschen — ein „Anti-Kriegs-Museum" zu errichten und zehn Jahre lang aufrecht zu erhalten, das war eine verdammt kitzlige Sache. Das kostete viel Schweiß und Geld und noch mehr Nerven.

Das erforderte mit der Zeit zwei Büros für den Direktor: eins im Museum und eins im — Gefängnis.*

Kaum hatte das Museum seine Pforten geöffnet, als die Polizei anrückte:

„Die öffentliche Ausstellung von Bildern gegen den Krieg erregt in Deutschland öffentliches Ärgernis."

Zwei Kriminalbeamte erschienen. Sie forderten die Beseitigung der pazifistischen Bilder aus dem Schaufenster.

---

* Ein Gesinnungsfreund, der einmal zu mir ins Gefängnis kam, begrüßte mich mit den Worten: „Sitzest du noch oder schon wieder?"

Ich weigerte mich, berief mich auf Paragraph 148 der Verfassung. Umsonst. Die Polizeibeamten beriefen sich auf Paragraph 179, Absatz III b, des Polizeigesetzes vom Jahre 1870 oder so.

Als ich die Bilder nicht freiwillig entfernte, holte man uniformierte Polizisten zur Verstärkung,

und nun wurden die Photos gewaltsam, mit dem Bajonett, heruntergerissen. (Man sieht noch deutlich die kleinen, weißen Papierfetzen der abgerissenen Bilder.)

Die deutsche Polizei ist tüchtig, gründlich, korrekt.

Mal hersehen!

Hier die „Quittung“:

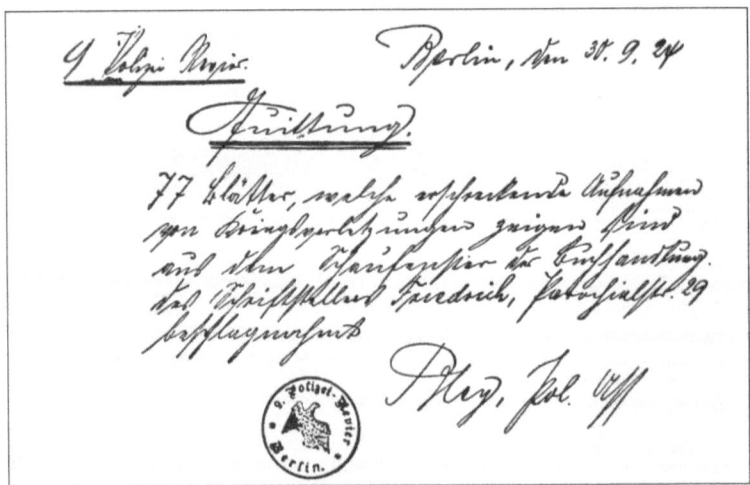

9. Polizei Revier. — Berlin, den 30.9.24 — *Quittung.* — *77 Blätter, welche erschreckende Aufnahmen von Kriegsverletzungen zeigen sind aus dem Schaufenster der Buchhandlung, des Schriftstellers Friedrich, Parochialstr. 29 beschlagnahmt. — 9. Polizei-Revier Berlin (Stempel) — P. Hey, Pol. Ass.(?)*

Nach dieser ersten, für die Wiederherstellung von „Ruhe und Ordnung“ bedeutenden und siegreichen Verteidigungsschlacht (die Deutschen „verteidigen“ sich nur) auf den papiernen

Angriff (die Deutschen sind *immer* die „Angegriffenen") des Friedensmuseums, galt es die zweite „Verteidigungsschlacht" zu schlagen.

Die gesuchte Gelegenheit fand sich sehr bald: Das *Schild* am Eingang des Friedensmuseums!

Ha! Das war wieder eine Gelegenheit zum polizeilichen Einschreiten.

Auf diesem Schild hatte ich nämlich vermerkt, daß die Besucher des Museums einen kleinen Unkostenbeitrag entrichten müssen. In meiner bekannten Vorliebe für Soldaten sollten diese freien Eintritt haben! Das Türschild sah also so aus:

Eintritt:
Für Menschen 20 Pfg.
Für Soldaten frei!

Der Reichswehrminister aber nahm mir diese uneigennützige Liebe für seine Gesellen sehr übel. Er lief zum Staatsanwalt, der mich schon aus früheren „geschäftlichen Beziehungen" sehr gut kannte.

In Anerkennung meiner Verdienste um den deutschen Militarismus „erhielt" ich dann auch eine Geldstrafe von 100 Mk. wegen Beleidigung der Reichswehr! Mein guter Bekannter, der Paragraphenreiter, behauptete, ich habe damit, daß ich annoncierte: „Eintritt für Menschen 20 Pfg. und für Soldaten frei!", einen Gegensatz zwischen Menschen und Soldaten feststellen wollen. Ich habe damit sagen wollen — so schlußfolgerte er weiter —, daß Soldaten *keine Menschen* sind.

Nun: der Staatsanwalt, *mein* Staatsanwalt, muß es ja wissen!

Im Laufe der mehr als zehn Jahre, da ich das Friedensmuseum leitete, und im Laufe der mehr als zwanzig Jahre, da ich für die Sache des Friedens wirkte, wurde ich bald zu einer „vielbegehrten" Persönlichkeit auf dem Polizeipräsidium, das mich wohlwollend an das Gericht weiter empfahl, und dieses wiederum schickte mich oft — mit einer Empfehlung — ins Gefängnis.

Das faßte ich dann sozusagen als meine „Dienstzeit" für die Sache des Friedens auf. Manchmal war ich allerdings der Meinung, daß meine Dienstzeiten zu lange dauerten und daß ich zu oft „einberufen" wurde.

Die Gefängnisse und Festungen hatten später keinen Anreiz mehr für mich, obwohl ich es gut verstehen konnte, daß mich eben *jede* Regierung einmal als Staatspensionär zu Gaste haben wollte.

Unter Wilhelm, Ebert, Hindenburg und Hitler habe ich „gesessen".

Mein Bedarf war gedeckt!

Kein totes Museum ...

... eine lebendige Friedenszentrale!

Da ich keiner politischen Partei oder Organisation angehöre, vertrete ich auch keinerlei andere Interessen als die des Friedens.

In dem Programmheft des Museums hieß es ausdrücklich:

„Es kann und darf nicht Aufgabe des ‚Anti-Kriegs-Museums‘ sein, für oder gegen bestimmte Parteien oder Organisationen Stellung zu nehmen, einer solchen Vereinigung sich anzuschließen oder sich gar von ihr abhängig zu machen."

So wie im Krieg alle Waffengattungen verwendet werden, wie man Infanterie und Artillerie zum „erfolgreichen" Menschenmorden einsetzte, wie man sich zu Lande und zu Wasser, in der Luft und unter der Erde mit Spezialtruppen und den verschiedensten Mordwerkzeugen gegenseitig nach dem Leben trachtete, so müssen auch die Gegner des Krieges mit *allen* Freunden des Friedens gemeinsam das schrecklichste Verbrechen: den Menschenmord, bekämpfen.

Mit *allen* Kriegsgegnern!

Mit *allen* Mitteln und Methoden!!

Die katholischen Friedensfreunde gehen mit nicht weniger Begeisterung an die Bekämpfung des Krieges wie die Sozialisten, Evangelisten und Juden: alle sind sie als Mitstreiter für die Erhaltung des Friedens willkommen!

Ob von der Kanzel oder vom Vortragspult, ob im Talar oder in der Bluse. Männer oder Frauen: alle, die daran interessiert sind, daß ein neuer Massenmord verhindert wird — alle sind Kampfgefährten im Krieg gegen den Krieg!

In den öffentlichen Vorträgen des Museums sprachen daher auch die Vertreter aller politischen und religiösen Richtungen. Es wurden sogenannte „offene Abende" veranstaltet. Kriegsgegner aus den verschiedensten Lagern kamen, um friedlich miteinander zu diskutieren. Der Rede eines katholischen Priesters folgte die Rede eines sozialistischen Genossen. Ein Rabbiner erhielt das Wort zu freier Rede ebenso wie ein Marxist.

„Keiner Partei — nur dem Frieden dienen!" das war der Leitspruch bei allen Veranstaltungen.

„Das ‚Anti-Kriegs-Museum‘ möchte lediglich ein Sanatorium sein, das die Menschheit durch die Höhensonne des Friedens von der Kriegspest heilen will."

Das Museum wollte den „Vergeßmaschinen" immer wieder in Erinnerung bringen, was für ein schreckliches Verbrechen der Krieg war.

„Kriegsteilnehmer"— heißt es in der Programmbroschüre des Museums — „vergeßt das letzte Massenmorden nicht; kommt in das ‚Anti-Kriegs-Museum‘, seht euch an und erinnert euch, wie ihr in der Lehmjauche des Schützengrabens eure Leiber aufgeschwemmt habt. Seht euch an, wie ihr die Leiber eurer Mitmenschen zerfetzt und zerrissen habt. Seht euch an die Photographien und Plastiken der Schwerkriegsverletzten, die heute noch (bedenkt: heute noch) in den Lazaretten vernäht und zerschnitten und künstlich ernährt werden müssen und von denen viele mehr als 40 (vierzig) Operationen bereits hinter sich haben.

Seht euch die Pferdefleisch- und sonstigen Lebensmittelkarten an, mit denen ihr ‚durchge-halten‘ habt.

Ihr Kriegsteilnehmer: seht euch das alles an und erinnert euch, aber auch ihr anderen und ihr, die ihr nicht draußen waret, um auf dem Schlachtfeld zu verrecken, insbesondere ihr jungen Menschen: kommt und seht euch an, was im zwanzigsten Jahrhundert möglich war und nie mehr sein darf!

Ihr alle, die ihr kommt und die ihr nicht kommt, ihr habt den traurigen Mut gehabt, Menschen zu morden oder den Menschenmord zu dulden, kommt und habt den Mut, eure eigenen Schandtaten anzusehen!

Wenn ich auch nicht die Hoffnung habe, daß jemals im ‚Anti-Kriegs-Museum' die Hauptverbrecher des Krieges ihren Verbrechen gegenübergestellt werden, so wird doch der konsequente Friedensgedanke, der von diesem Museum ausgeht, mit dazu beitragen, daß die Menschheit endlich, endlich von der Kriegspest völlig geheilt wird."

Aber nicht nur abschreckend gegen den Krieg sollte das „Anti-Kriegs-Museum" wirken.

Es gab dort auch eine bedeutende Sammlung historischer Gegenstände — da fehlte nichts: angefangen von den ersten kleinen Fliegerpfeilen bis zur größten Granate; von den Holzschuhen, Papierstoffen bis zum kriegsbemalten Taschentuch. Selbst das schwarz-weiß-rote Toilettenpapier (Marke „Siegreich") fehlte nicht. Eine Aufzählung aller Kriegsdokumente würde allein ein ganzes Buch füllen.

Auf Vortragsreisen im Ausland sammelte ich neues Material.

Anti-Kriegsbücher, in fast alle Sprachen übersetzt, enthielten Aufrufe zur Sammlung und Zusendung von immer mehr Dokumenten. Aus der ganzen Welt: aus Europa, aus Amerika, selbst aus China und Afrika, brachte die Post fast täglich Neuerwerbungen und Sympathieschreiben. Die friedensfreundlichen Zeitungen im In- und Ausland druckten Artikel und Aufrufe für den Ausbau und die Unterstützung des Museums.

Dankbar erinnere ich mich, daß fast die gesamte deutsche demokratische und republikanische Presse — und selbstverständlich auch die Arbeiterzeitungen, vor allem in Berlin — immer wieder auf das Museum und meine Vorträge und Veranstaltungen hinwies.

Pressephotographen und Kinofirmen sorgten für illustrierte Berichte. Einige Blätter brachten sogar — wie die demokratische „Berliner Volks-Zeitung" — auf der ersten Seite Bilder vom Museum.

15. Oktober 1925

Eine Ecke im
Berliner „Anti-Kriegs-Museum."

Nicht nur historische Dokumente wurden gezeigt. Einen breiten Raum nahm die statistische — und noch mehr die pädagogische Abteilung ein.

Es ist billig, immer nur zu sagen, daß die Kinder sich nicht mit Kriegsspielzeug beschäftigen sollen, daß die Eltern keine Kriegsbilderbücher kaufen dürfen usw. Viel wichtiger ist es, den Kindern positives Spielzeug, ja mehr noch: *pazifistisches* Spielzeug in die Hände zu geben.

Wichtiger als die Verneinung ist die Bejahung!

Sagt den Kindern weniger, womit sie *nicht* spielen sollen (sie tun es dennoch); sagt ihnen vielmehr, *womit* sie spielen sollen.

Wenn wir dem Kind besseres, schöneres, interessanteres (Friedens-) Spielzeug reichen, dann wird es freudig danach greifen, damit spielen — und der Frieden hat seinen ersten Sieg im Herzen des Kindes verankert.

Mein ganzes Sinnen war daher darauf gerichtet, pazifistisches Kinderspielzeug zu entwerfen und in einer Fabrik herstellen zu lassen. Aber leider hatte ich zur Ausführung eines größeren Postens — um billig herstellen zu können — nicht genügend Betriebskapital. Der Hausumbau hatte meine gesamten Ersparnisse aufgebraucht. So blieben diese Ideen zunächst unausführbar.

Kürzer war der Weg zu den Kinderherzen durch die Gründung einer „Pazifistischen Kindergruppe". Es waren manchmal an die hundert Kinder, mit denen ich in dem nahegelegenen Park Spiele veranstaltete, denen ich leichte Vorträge hielt. In meinem Buch „Proletarischer Kindergarten" schreibt ein Junge, wie es in einer solch pazifistischen Kinderversammlung zuging:

„Schon früh um 7 Uhr wimmelte es vor der Haustür zum Kinderheim und endlich, um 9 Uhr, begann die Versammlung. Als Redner erschien John S. Stephens aus England.

In einleitenden Worten vom Kinderfreund Friedrich gedachten wir des vergangenen grausamen Krieges, an die Verhetzung der Menschen gegeneinander zum Brudermord und an die Not und das Elend, das über die armen Kinder und ihre Eltern und Geschwister hereingebrochen ist. In der Schule wurde der Haß gepredigt gegen unsere Menschenbrüder in England und diese als unsere Todfeinde bezeichnet. Nun aber kommt so ein Engländer nach Deutschland, um viele Grüße von den englischen Kindern zu bestellen und zu sagen, daß diese keine Feinde, sondern Freunde der deutschen Jungs und Mädels sind.

Dann sprach John S. Stephens und bestätigte alles, was Freund Friedrich gesagt hatte, und erzählte, daß viele, viele Engländer, ebenso wie er selber, den Kriegsdienst verweigert haben und lieber in die Gefängnisse gegangen sind als in den Krieg. Viele haben jahrelang im Kerker leiden müssen, viele sind gestorben an den Leiden.

Sie wollten nicht auf die Deutschen schießen!

,Wir sind doch alle Brüder und Schwestern und keine Feinde, wollen uns lieben und einander helfen und dafür sorgen, daß ein Krieg nicht mehr kommen kann' ...

Gespannt lauschten die Kinder auf die Botschaft aus England. John Stephens hatte noch eine Überraschung: die englischen Freunde schickten uns nicht nur die Grüße, sondern auch etwas für den Magen. Unter allgemeinem ,Ahhh ...!' wurde nun Konfekt verteilt und jedes Kind bedacht.

,Na, und was werdet Ihr den englischen Kindern sagen?' fragte Freund Friedrich.

Viele kleine Patschen erhoben sich auf einmal.

,Wir wollen die englischen Kinder schön grüßen lassen', sagte ein kleiner Kerl und lutschte an seinem Bonbon.

Kleine Ursache — große Wirkung.

Erst das Spiel — dann die Hölle.

Viele Tausend derartiger Postkarten wurden vom Museums-Verlag herausgegeben.

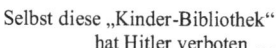

Selbst diese „Kinder-Bibliothek"
hat Hitler verboten …

KINDER-BIBLIOTHEK

KINDER-BIBLIOTHEK · Ernst Friedrich · Preis 5 Pf.

KINDER-BIBLIOTHEK · Band 1 · Herausgeber: Ernst Friedrich · Preis 5 Pf.

Das Haus des Friedens

LIEBE KINDER!

Ich bin immer sehr traurig, wenn ich sehe, daß ihr Indianerschmöker lest, denn die sind gar nicht wahr, sondern gelogen.

Und man soll doch nicht lügen!

Auch die Heldengeschichten vom Krieg sind nicht schön, denn im Krieg werden Menschen getötet.

Und man soll doch nicht töten!

Ich will Euch auch von Indianern und vom Krieg erzählen, aber nur solche Geschichten, die wirklich w a h r sind und nur solche Geschichten, die von der L i e b e zu den Menschen erzählen.

Denn wir sollen uns alle gut sein!

Schreibt mir bitte mal, ob Euch meine Geschichten gefallen.

Ich liebe Euch
und grüße Euch

ERNST FRIEDRICH
für die
„Gesellschaft der Freunde des
1. Internationalen Antikriegs-
Museum E. V.
Berlin C 2, Parochialstr. 29

… man konnte ja nicht wissen, was die …

BITTE

liebe Kinder, reißt keine Blumen ab, die ihr nachher achtlos wegwerft. Habt ihr Blumen gepflückt, dann laßt sie nicht verdursten, sondern gebt ihnen täglich frisches Wasser. Und wenn im Frühling die Obstbäume so schön blühen, dann brecht keine Zweige ab, denn sonst gibt es im Herbst weniger Kirschen und Apfel und Birnen und Pflaumen. Das ist meine Bitte

AN ALLE KINDER

Und seid lieb und gut auch zu allen Tieren. Jagt keine Schmetterlinge. Quält keine Tiere. Auch Hunde und Katzen sind die Freunde des Menschen und selbst der Frosch im Teich freut sich seines Lebens. Seid gut, Kinder! — Auch untereinander gilt es immer

FRIEDEN HALTEN!

Zankt Euch nicht, lügt nicht, spielt nicht mit Bleisoldaten und anderen häßlichen Kriegsspielsachen.

‚Wir wollen den englischen Kindern auch was schenken,' rief ein Mädel.

Und ein großer Junge sagte: ‚Wir wollen mit den englischen Kindern einen Bund gründen.'

‚Möchtet ihr das alle?' fragte Freund Friedrich.

‚Jaaaa!' — — — brüllte die ganze Versammlung.

Stephens lachte und versprach, den englischen Kindern alles wieder zu sagen, was er hier gehört hatte. Als er dann ‚Auf Wiedersehen!' sagte, drängte sich alles um ihn, drückte ihn, schüttelte ihm die Hand. Fast hätten sie ihn umgerissen.

Wie aber werden sich die englischen Kinder freuen, wenn sie von der pazifistischen Kinderversammlung in Berlin hören werden."

Der „Proletarische Kindergarten" erlebte zwei Auflagen von insgesamt 20.000 Exemplaren. Einige „Gemeinschaftsschulen" (später von Hitler aufgelöst) benutzten dieses Buch für ihren Moralunterricht.

Um aber auch an die Ärmsten der Armen heranzukommen, wurde später eine „Kinderbibliothek" gegründet, deren einzelne Bände nur fünf Pfennig kosteten. Die äußerliche Aufmachung dieser „Kinderbibliothek" entsprach dem Geschmack der Kinder an Abenteuergeschichten. Ein buntfarbiges Indianerbild auf der Titelseite lockte zum Kauf.

Auch der Inhalt enttäuschte nicht. Es waren recht interessante Geschichten, nur daß die Tendenz eben keine kriegerische, sondern eine friedliche war.

Leider fehlte es auch hier am nötigen Geld, so daß Massenauflagen nicht gedruckt werden konnten.

Größeren Umsatz hatten die sogenannten „Pfennig-Flugblätter". Im Laufe der Jahre wurden viele 100.000 Exemplare verteilt und in Holland, Schweden und Österreich nachgedruckt. Der Erfolg war ein ganz großartiger. Auch für mich persönlich — beim Staatsanwalt: Für das Pfennig-Flugblatt „Was klagst du, Soldat?" erhielt ich zweimal je drei Monate Gefängnis. Das ist bezeichnend für die Rechtszustände in der *Republik* Deutschland, denn in der *Monarchie* Holland durfte dieses antimilitaristische Gedicht ungestraft gedruckt und verbreitet werden!

Besonders das Weihnachtsflugblatt „Weihnachten naht!" wurde in Riesenauflagen gedruckt und vor den Warenhäusern, auf Straßen und Häusern verteilt.

Der Gedanke, der dem Pfennig-Flugblatt zugrunde lag, war der, daß die Verteiler diese Druckschriften selbst bezahlten. Pro Stück kostete sie einen Pfennig. Wenn also jemand 100 solcher „Pfennig-Flugblätter" bestellte, so zahlte er dafür eine Mark.

Damit wurde zweierlei erreicht: erstens finanzierten die Verteiler *selbst* den Druck der Flugschriften und zweitens brachten sie auch ganz bestimmt jedes Flugblatt „an den Mann", denn jedes Blatt kostete ja einen Pfennig, der aus der eigenen Tasche des Verteilers bezahlt werden mußte.

Ein ähnlich guter Erfolg war der Druck antimilitaristischer Postkarten.

Diese Postkarten erfreuten sich so sehr allgemeiner Beliebtheit, daß auch Postkarten*sprüche* bei allen sich bietenden Gelegenheiten (Ostern, Pfingsten, Weihnachten, Neujahr etc.) herausgegeben wurden.

Zum Beispiel folgende „Neujahrs-Karte":

Prosit Neujahr

Gleich wie Ihr Eure Gläser erhebet —
So erhebet auch Eure Herzen.
Und wie Ihr Euch sorget um ein volles Glas —
So sorget Euch auch um ein Herz voll Liebe.
Der Mund, der heut' Glück und Segen wünscht —
Möge er nie Haß und Feindschaft wünschen!
Die Hände, die heut' die Gläser umfassen —
Mögen Sie nie ein Gewehr umspannen.
Wenn das neue Jahr besser werden soll —
Müssen wir Menschen besser werden.
Drum laßt uns Glas und Herz erheben:
„Prosit Neujahr?" — „Prosit Menschheit!"

Ernst Friedrich

Sodann brachte der Museums-Verlag sogenannte „*Anti-Mordabzeichen*" heraus: zwei Hände, die ein Gewehr zerbrechen. Diese Anti-Mordabzeichen erschienen in allen möglichen Variationen. Als große Rune für Mädchen, als Gürtelschloß für Jungens, als Abzeichen und als Krawattennadel. Diese Anti-Mordabzeichen verbreiteten sich so sehr, daß ich nicht überrascht war, selbst im Ausland, besonders in der Schweiz, viele dieser Abzeichen an Blusen und Röcken wiederzufinden. Die verschiedensten pazifistischen Verlagsanstalten und Vereinigungen brachten auf eigene Faust solche Abzeichen heraus.

Versionen des zerbrochenen Gewehres

 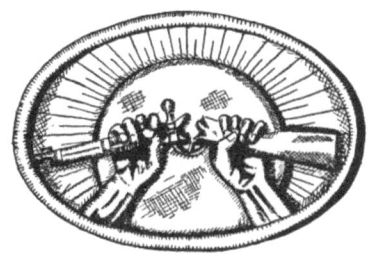

Um den Anforderungen aus allen Weltteilen: Kopien, Photos und Diapositive zu schicken, nachkommen zu können, wurde ein eigenes Photoatelier eingerichtet, das zeitweilig mit Hochdruck arbeitete. Leider fehlte es auch hier an Betriebskapital, denn die Besteller waren meistens kleine Friedensvereinigungen oder Privatpersonen, die wohl pazifistische

Propaganda betreiben wollten, aber kein Geld für das Material übrig hatten. Das Friedensmuseum, so glaubten viele, müsse alles Propagandamaterial gratis liefern. Ich tat es auch, soweit ich dazu die nötigen Mittel hatte, und diese holte ich aus den Erträgnissen meiner Anti-Kriegs-Literatur, hauptsächlich aus dem in alle Weltsprachen übersetzten, zweibändigen Werk: „Krieg dem Kriege".

Aber so gut auch hier die Einnahmen waren, das Museum verschlang täglich eine Menge Geld. Große Ausgaben waren nötig für Beleuchtung und Heizung, für Telephon und Porto und was dergleichen Dinge mehr sind. Neuerwerbungen des Museums, Bildereinrahmungen, Gipsabgüsse, immer neue Ausstellungskästen und Vitrinen — weil immer mehr Material hinzukam — immer neue Umbauten, weil immer weniger Platz wurde; all das verschlang im Laufe der Jahre enorme Summen.

Die bescheidenen Eintrittsgelder deckten nicht einmal die Ausgaben für elektrisch Licht und Heizung, und zu den regelmäßigen Besuchern zählte schon längst der — Gerichtsvollzieher. Mehr als ein dutzend Mal sind die Einrichtungsgegenstände gepfändet worden, und fast ebenso oft stand das ganze Grundstück unter Zwangsversteigerung. Jedesmal, kurz vor dem Zuschlag des Exekutors, gelang es, die Zwangsversteigerung wieder abzuwenden, aber die sehr hohen Versteigerungskosten machten bald wieder eine — neue Zwangsversteigerung notwendig.

Da mußten wieder Tausende meiner Bücher zu lächerlich billigen Preisen verschleudert werden, um weiter das „Anti-Kriegs-Museum" erhalten zu können.

Meine Hilferufe blieben ungehört. Wohl gab der eine oder andere Friedensfreund einen kleinen Beitrag — aber es war nicht mehr wie jener Tropfen auf dem heißen Stein …

Mehrmals mußte das Museum *wegen chronischer Geldverlegenheit"* geschlossen werden. Ich habe den wahren Grund der Schließung nie verheimlicht.

Eines Tages, als meine SOS-Rufe wieder einmal ungehört blieben, setzte ich über das Museum die Notflagge in Gestalt eines riesigen Transparents, das ich quer über die ganze Vorderfront des Hauses hängte und worauf in dürren Worten geschrieben stand:

Geschlossen wegen chronischer Geldverlegenheit!

Das „Berliner Tageblatt" schrieb am 28. Januar 1930:

Das Ende vom Anti-Kriegs-Museum
wegen chronischer Geldverlegenheit.

An dem Haus in der Parochialstraße 29, das seit Jahren als „Anti-Kriegs-Museum" eingerichtet ist, ist, wie ein Bild im letzten „Weltspiegel" zeigte, eine Tafel befestigt worden, die das traurige, aber ehrliche Bekenntnis trägt: „Geschlossen wegen chronischer Geldverlegenheit".
Alle übrigen Berliner staatlichen und städtischen Museen, die auch an chronischer Geldverlegenheit leiden, werden durch öffentliche Zuschüsse erhalten, das einzigartige „Anti-Kriegs-Museum", das mit abschreckenden Bildern und Dokumenten aus dem Weltkriege, mit Mordwerkzeugen und militaristischem Kitsch angefüllt ist, muß daran glauben, da es von den spärlichen Einnahmen — zwanzig Pfennig pro Nase — nicht leben kann.

*Gerade in diesen Tagen, da in London die Bevollmächtigten aller seefahrenden Mächte die Beschränkung der Seerüstung durchbrachten, fiel die Pforte des **ersten** kleinen Instituts ins Schloß, das mit offenen Waffen gegen die Kriegsgreuel zu Wasser, zu Lande und in der Luft kämpft.*

Das kleine Haus in der Parochialstraße hat schon viele Zwangsversteigerungen beim letzten Hammerschlag mit knapper Not überstanden. Jetzt ist es wieder einmal passiv; seine Aktiva – der Inhalt – ist von unschätzbarem ethischen Wert und müßte von den zahlreichen Friedensfreunden und Kriegsgegnern Deutschlands gerettet werden!"

Die Pressefotographen erschienen sofort wieder, um zu photographieren, und die Zeitungen brachten Bilder von dieser traurigen Episode.

Infolge einer neuerlichen, größeren Einnahme aus meinen Büchern und einem Darlehen zweier Gesinnungsfreunde konnte das Museum bald wieder eröffnet werden. Mit neuen Hoffnungen ging ich an die Arbeit. Die Atempause in der Jagd nach Subsistenzmitteln für das Museum wurde benutzt, um zur Gründung einer

> *„Gesellschaft der Freunde*
> *des ersten internationalen Anti-Kriegs-Museums"*

aufzurufen. Diese Gesellschaft sollte durch ihre Mitgliedsbeiträge die laufenden Unkosten des Museums bestreiten helfen.

Wir dienen keiner Partei und keinem „Ismus"			
Mitglieds-Karte Nr.	Januar	Februar	März
	April	Mai	Juni
für	Juli	August	Sept.
Gesellschaft der Freunde des I. Internationalen Anti-Kriegs-Museums E.V.	Okt.	Nov.	Dez.
WIR DIENEN DER MENSCHHEIT			

Mitgliedskarte der Museums-Gesellschaft

Dieser Gesellschaft traten Friedensfreunde als Einzelmitglieder und Organisationen als korporative Mitglieder bei. Freiwillige Beiträge von 1 – 5 Mk. pro Monat wurden gezahlt. Leider waren es nicht allzu viel Freunde, die sich bereit erklärten, monatlich einen finanziellen Beitrag zur Unterstützung des Museums einzusenden: einige Ortsgruppen der „Frauenliga für Frieden und Freiheit", einige Gruppen der „Sozialistischen Arbeiterjugend", Ortsvereine der „Deutschen Friedensgesellschaft", des „Bundes der Kriegsdienstgegner", eine religiöse Gesellschaft und einige Mitglieder brachten zusammen durchschnittlich 80 Mk. allmonatlich auf. Eine sehr bescheidene Subvention für ein Museum, daß ja kein „Geschäft" ist. Die Schulden und Aufgaben des Museums wurden immer größer, sie gingen sozusagen Hand in Hand.

Da ich mich mit antimilitaristischen und künstlerischen Vorträgen *allen* Parteien und Organisationen zur Verfügung stellte, kam es vor, daß ich in einem Monat 34 Vorträge zu

halten hatte, indem ich an Sonntagen zweimal sprach. Es waren meist proletarische Parteien und Jugendorganisationen. Das bringt viel Freude, aber kein Geld ein. Es war auch für mich immer recht beschämend und bedrückend, wenn man mich für meine Vorträge „bezahlen" wollte. Ich bin eben kein Geschäftsmann und kein Bonze.
Auch bei Jugendweihen und — Beerdigungen musste ich sprechen.

So ging der Monat schnell um. Viel moralische Erfolge — aber keinen Mammon! Zinsen und Steuern mußten bezahlt werden. Der Gasmann kam und wollte Geld. Der Kassierer vom Elektrizitätswerk hielt die Hand auf. Der Gerichtsvollzieher hatte jetzt auch „freien Eintritt" ins Museum. (Polizeistrafen wurden „abgesessen").

Im Laufe der Jahre zog das „Anti-Kriegsmuseum" Freunde und Gegner gleichermaßen an.

Zu meine besten Freunden — die mit mir durch Dick und Dünn gingen — zählte die Jugend! Eine eigene Zeitung, die „Freie Jugend", erschien jede Woche (später monatlich) und war in ganz Deutschland und Österreich, zum Teil auch in der Schweiz, verbreitet. In vielen Städten und Ortschaften schlossen sich die Leser zusammen. Neben dem Kampf gegen Militarismus und Krieg, galt der Kampf der „Freien Jugend" dem Alkohol und Nikotin. In Preußen, Sachsen, Rheinland und Westfalen waren diese „Freie-Jugend"-Gruppen außerordentlich stark.

Eine vereinsmäßige Bindung war allen verhaßt. Es gab keinen Vorstand und keine Vereinsbeiträge — dafür aber freiwillige Opferbereitschaft und gegenseitige Hilfe. Trotzt des Fehlens jeder Vereinsmeierei waren die Jungens und Mädels so gut untereinander und miteinander verbunden, daß des öfteren große Bezirkstreffen veranstaltet wurden, wo Hunderte von Jugendlichen aus jeweiligen Bezirken und Provinzen zusammen kamen, um sich gegenseitig zu beraten und zu besprechen. Immer weitere Kreise der Jugend für den Frieden und gegen den Krieg konnten gewonnen werden.

Bei solchen „Bezirkstreffen" feierte die Solidarität ihre schönsten Blüten: für die Arbeitslosen und Lehrlinge sammelte man das Eisenbahngeld; es wurde gemeinsam im Freien gekocht und in Massenquartieren geschlafen. Nach ernster Beratung — auf irgend einer Wiese — zog die bunte Schar, mit Geigen und Gitarren, barhäuptig und in Sandalen, durch die Straßen der Bezirksstadt, mit ihren Friedensgesängen die Spießer aufschreckend. Auf dem Marktplatz wurde halt gemacht, eine Friedensansprache gehalten und heimwärts ging's wieder.

Besonders gern wurden historische Kriegsstätten zu solchen Jugendtreffen aufgesucht. Gewaltig war das Erlebnis für alle Teilnehmer beim Sachsentreffen in Leipzig! Weit mehr als 2.000 Jugendliche gaben sich ein antimilitaristisches Rendez-vous am *Völkerschlachts-Denkmal.* An dem Ort, der bisher nur Kriegervereinen als Treffpunkt vorbehalten blieb, an der Stelle, wo sonst nur Säbelgerassel zu vernehmen war, da trafen sich die begeisterten jungen Kriegsgegner und hielten eine Friedenskundgebung ab!
Selbst bei *Einweihungen von Kriegerdenkmälern:* überall waren junge Burschen und Mädels der „Freien Jugend" dazwischen und verkauften ihre Zeitschrift oder verteilten antimilitaristische Flugblätter — oft in patriotischer Aufmachung — unter den versammelten Kriegern.

In Hörlitz-Flur (Bezirk Lausitz) belacht man heute noch die feierliche Einweihung des dortigen Kriegerdenkmals, bei der Ernst Friedrich — statt des verhinderten Hauptmanns a. D. — sprach.

Naturgemäß war in Berlin — am Sitze des „Anti-Kriegs-Museums" und der Redaktion der „Freien Jugend" diese antimilitaristische Jugendbewegung am stärksten! Hier konnte man ohne Übertreibung von einer Massenbewegung sprechen. Riesige Versammlungen in den größten Sälen Berlins waren oft überfüllt.

Auch in der Reichshauptstadt wurden mit Vorliebe militaristische Gedenkstätten als Versammlungsorte ausgesucht. Auf ehemaligen *Exerzierplätzen* fanden regelmäßig Sonnenwendfeiern statt, die oft von Zehntausenden besucht waren. Junge und Alte, Männer und Frauen aus allen Stadtteilen strömten alljährlich in der Nacht vom 21. zum 22. Juni auf die durch Flugzettel bekannt gegebenen Treffpunkte. Als ein solcher Treffpunkt infolge polizeilichen Verbots *außerhalb* Berlins gelegt werden mußte, (auf den Turnplatz des Arbeiter-Sportvereins „Fichte" in Treptow), da sah man abends auf der Chaussee eine wahre Völkerwanderung.

Auf dem Rückweg formten sich die Massen zu einem Demonstrationszug, der bis in die Nähe des „Anti-Kriegs-Museums" durchgeführt wurde, bis die Polizei, die im Alarmzustand lag, den Zug auflösen *wollte*. (Die jugendlichen Kuriere hatten rechtzeitig „Wind" bekommen, und ehe die Polizei für Unruhe und Unordnung sorgen konnte, hatte sich der Demonstrationszug von selbst aufgelöst).

Neue Ideen sollten neue moralische und finanzielle Erfolge bringen. Immer neue Kreise wurden erfasst. Freunde und Gegner!

Antimilitaristisch-künstlerische Veranstaltungen in den schönsten Vortragssälen Berlins erfaßten ein *künstlerisch* interessiertes Publikum. Der „Meistersaal" war oft zum Platzen voll. Größere Säle mußten gemietet werden: die Stadthalle in Berlin reichte oft nicht aus, um die Massen zu fassen.

Dabei war mein Hauptaugenmerk immer auf die Propaganda unter den Gegnern gerichtet. Jede politische Partei erfaßt in der Hauptsache nur ihre eigenen Mitglieder und Freunde. Der Besuch der gegnerischen Versammlungen hat in der Regel nur wenig Erfolg. Ich habe oft nationalsozialistische Versammlungen besucht und in der Diskussion gesprochen. In einer Massenkundgebung der Nationalsozialisten in den Musikerfestsälen in Berlin sprach ich einmal gegen die Ausführungen des Referenten Dr. Goebbels (des späteren Propagandaministers). Aber mehr als einen Augenblickserfolg erreicht man kaum — wenn man nicht mitten in seiner Rede niedergeschlagen wird – wie mir das oft genug passierte.

Nein, um an den Gegner mit nachhaltigerem Erfolg heranzukommen, bedarf es anderer Wege. Wie etwa jene Massenkundgebung, über die Kurt Großmann, der Sekretär der deutschen „Liga für Menschenrechte" in der „Welt am Montag" u. a. berichtete:

„Er ist ein Mensch, reich an originellen Einfällen und Ideen. Einer seiner besten Einfälle war die Versammlung in der Stadthalle in der Klosterstraße, die er während der Ruhrkampagne unter dem Titel ‚Die Schmach im Westen' zusammenrief. Der Saal war dicht gefüllt mit nationalsozialistischen Kreisen, die sich empören wollten, daß die Franzosen die Ruhr besetzt hielten. Sie waren gekommen, um aus Ernst Friedrichs Munde Anklagen gegen Greuel im Ruhrgebiet und Rheinland zu hören. Es darf verraten werden, daß sie nicht auf ihre Kosten

gekommen sind, denn Ernst Friedrich sprach nicht von der Ruhrbesetzung, sondern vom Krieg im Westen und seine furchtbaren Greuel und der unterschiedlichen sozialen Lage der Bevölkerung Berlins, des Westens, gegenüber anderen Stadtteilen."

Neben diesen großen Kundgebungen, außerhalb des Museums, fanden im Vortragssaal des eigenen Hauses regelmäßig Diskussionsabende und Kurse statt, die sich allmählich zu einer *Friedensakademie*, zu einer „Anti-Kriegs-Schule" auswachsen sollte.
Schon einmal machte ich den Versuch, mit einem Kreise jüngerer Menschen, die mit mir in einer Kommune lebten. Der Gedanke, der dabei zugrunde lag, war der: die besten und begabtesten jungen Leute für die Friedensarbeit zu schulen. Nach Absolvierung eines Semesters sollten sie als Propagandisten nach allen Himmelsrichtungen hinausziehen, um der Welt den Frieden zu verkünden.
Den Schülern dieser Friedensakademie mußte während des Studiums ein Heim geboten werden. Die Lernenden durften während ihrer Ausbildung keine wirtschaftlichen Sorgen haben.

Es war geplant, die besten Lehrkräfte der internationalen Friedensbewegung heranzuziehen, um auf allen Gebieten des Friedens zu lehren. Alljährlich sollten eine Anzahl Friedens-Pioniere ausgebildet werden, die später in allen Ländern für unser schönes Ideal wirken konnten, ausgerüstet mit geistigen Waffen, mit einem gediegenen Wissen über Kriegs- und Friedensgeschichte aller Völker und Zeiten. Leider mußte dieser Gedanke unverwirklicht bleiben, denn die böse Krankheit des Friedensmuseums: „chronische Geldverlegenheit" griff immer mehr um sich.
Meine Bücher waren bald ausverkauft. Immer neue Auflagen wurden gedruckt, die ich immer wieder verschleudern musste, um laufende Geldmittel für die Erhaltung des Museums zu haben.

Die Errichtung einer eigenen modernen Buchdruckerei sollte eine neue Geldquelle werden.
In der „Friedensdruckerei" wurden alle Arbeiten, auch für die Kundschaft, ausgeführt. Von der Visitenkarte bis zur Herstellung umfangreicher Bücher, Massenauflagen und Bilderdrucke: alles wurde gedruckt. War das Museum geschlossen, dann arbeitete ich an den Maschinen.
Eine neue antimilitaristische Wochenzeitung „Die Waffen nieder" wurde gedruckt. Später kam allwöchentlich „Die schwarze Fahne" heraus, die zeitweilig eine Auflage von 40.000 Exemplaren hatte. Es war geplant, sie als *Tageszeitung* erscheinen zu lassen. Zeitungshändler zogen in kleinen Kolonnen durch die Straßen, „Die schwarze Fahne" ausrufend.

Ein eigener „Linker Zeitungsdienst" („L. Z.") lieferte unsere Zeitungen an Straßenhändler und Kioske.
„Die schwarze Fahne" war ein großer Erfolg — auch beim Staatsanwalt.
Oft wurde sie verboten, beschlagnahmt; oft musste ich „sitzen".
Es ist ein Leitmotiv meines Lebens: aus allem Schlechten das Gute herauszusuchen!
Jede Bitternis hat den Keim des Süßen in sich — man muß nur suchen. Ich fand bald heraus, daß der Staatsanwalt für mich Propaganda machte, und daß der Gerichtssaal sich vorzüglich für antimilitaristische Vorträge eignete. Die Akustik war gut, das Publikum aufmerksam.
Und wie süß war es, dem Ankläger ein Schnippchen zu schlagen. Hatte der Staatsanwalt einen Zeitungsartikel in der „Schwarzen Fahne" verboten, dann kam es auch gewöhnlich zur

öffentlichen Gerichtsverhandlung. Meine Verteidigungsrede wurde zur Anklage. Ich las den inkriminierten Artikel vor, begründete meinen Standpunkt und meine Sekretärin stenographierte das Ganze, das später als Flugschrift oder Broschüre verteilt wurde, oder in der nächsten Nummer der „Schwarzen Fahne" veröffentlicht stand, ohne daß jetzt der Staatsanwalt etwas verbieten konnte, denn wortgetreue Berichte aus öffentlichen Gerichtsprozessen durften (nach früherem Gesetz) nicht verboten werden.

Das war das Gute: der Artikel in der Urfassung wurde zuerst verboten, jetzt aber — als wortgetreue Wiedergabe nach dem Gerichtsstenogramm — durfte er ganz ausführlich erscheinen und eine ausführliche Begründung dazu! Womöglich auch noch die Gegenrede des Anklägers — wenn sie interessant war.

Das regte an und auf: mich und den Staatsanwalt!

Konnte ich die Miete der Vortragssäle nicht mehr bezahlen — die Gerichtssäle gab es völlig kostenlos und ein paar Monate dazu!

Diese neuen Propagandamethoden wurden von der Presse viel kritisiert. Die Rechtspresse schimpfte, die Linkspresse lachte. Aber *alle* schickten sie ihre Pressevertreter zu meinen Gerichtsprozessen, berichteten — böse oder wohlwollend — je nachdem. Es standen mir sozusagen alle Zeitungen offen, die — oft in Leitartikeln und sensationellen Aufmachungen — meine Propaganda gegen den Krieg — gewollt oder ungewollt — unterstützten.

Für die Rechtspresse war ich natürlich immer der „Kommunist", obwohl ich *nie* Mitglied der Kommunistischen Partei war, obwohl ich stets und zu allen Gelegenheiten betonte, daß ich *keiner* Partei angehöre.

Die demokratische Presse sah meiner Tätigkeit wohlwollend zu. Helmuth von Gerlach schrieb in seiner viel gelesenen Montagszeitung:

„Von Natur völlig antiautoritär eingestellt, ist Ernst Friedrich sehr oft – weit über hundertmal — mit den Gesetzen in Konflikt geraten. Dabei verteidigt er seine Anschauungen mit einem trefflichen Fanatismus und hält die einfallsreichsten Plädoyers. Die Staatsanwälte schätzen in ihm einen der anständigsten, überzeugungstreuesten politischen ‚Rechtsbrecher'.
Vor einiger Zeit war er wegen Beleidigung der Reichswehrsoldaten — er hatte sie als Mörder beschimpft — angeklagt. Statt einer großen Verteidigungsrede packte Ernst Friedrich aus einem mitgebrachten Paket ein Seitengewehr aus, welches noch die Säge enthielt, und bat den Staatsanwalt, ihm lediglich die Frage zu beantworten, ob nicht derjenige, der einem Mitmenschen dieses Seitengewehr in den Leib stoße, ein Mörder sei. Selbstverständlich hat diese Art der Verteidigung Ernst Friedrich nur insofern genutzt, als er die Achtung des Gerichts erlangen konnte.
In der Abteilung I A hat er sich, wenn die Beamten zu seiner Verhaftung kamen oder ihn zwecks einer Haussuchung aufsuchten, bald Freunde erworben. Eine der reizendsten Geschichten ist, wie er aus zwei bärbeißigen Kriminalbeamten überzeugte Anarchisten machte. Diese beiden Beamten, die Stunden und Stunden bei Ernst Friedrich saßen und seinen Ideengängen zuhörten, haben ihren Dienst quittiert. Einer von ihnen ist ins Ausland gegangen. Diese kleine Szene zeigt, welch starke Persönlichkeit Ernst Friedrich ist."

Die vielen Gefängnisstrafen aber verschlechterten die finanzielle Lage des Museums; denn während ich eingesperrt war, standen die Druckmaschinen still.

Nur die Wechsel liefen weiter.
Und sie liefen verdammt schnell!
Schneller als die Maschine . . .
Meine Radfahrer waren flink, aber die Gerichtsvollzieher waren flinker!
Die Zeit, die ich im Gefängnis verlor, versuchte ich nach meiner Haftentlassung wieder aufzuholen.

Ich betätigte mich als Museumsdirektor, Chefredakteur, Buchhändler, Maurer, Photograph, Referent, Laufbursche, Drucker, um nur einige Hauptberufe aufzuzählen, und war sozusagen Hand-, Kopf-, Hals- und Fußarbeiter.

Das waren die Nazis, die wieder einmal die Schaufenster einschlugen.

Die große Druckmaschine war mit einem Anlegeapparat versehen und gestattete Tag und Nacht – ohne Pause – zu drucken. Wenn ich müde war, setzte ich mich im Druckersaal auf den Fußboden, mit dem Rücken an die Wand, und schlief ruhig ein, während die Maschine lief. Sie blieb mit lautem Knall automatisch stehen, wenn etwas nicht in Ordnung war. Ich erwachte dann, beseitigte die Maschinenstörung und weiter ging's: die Maschine lief weiter, ich schlief wieder, bis unten im Museum plötzlich die *Fensterscheiben* krachten.

... was wir Deutsche brauchen.
Gott sei dank ist unser deutsches Volk nicht unterzukriegen und
wenn die Stunde unserer Rache geschlagen hat, dann wirst Du auch
dran kommen ! Du und Dein Hetzmuseum !! Kein deutscher Mann, keine
deutsche Frau wird Dein Grab kennen. Du Lump wirst in eine Kiste
gesteckt, mit Ratten zusammen, die Dich auffressen werden bei leben-
digem Leibe.

Deutschland erwache !
Deutsches Volk, Dein Führer ist A o l f H i t l e r !!!

Oft brachte die Post derartige Drohungen.

47

Wie die Nazi-Banditen den Kriegs-Gegner Ernst Friedrich zurichteten

nach dem Einsetzen starker Polizeikräfte konnte
Betrieb auf diesen Strecken wiede
werd

Aus der demokratischen „Berliner Volks-Zeitung" vom November 1932

„Überfall auf das Antikriegsmuseum

Am 2. November, gegen 5 Uhr nachmittags, also bei hellem Tage, zogen etwa 30 uniformierte Nationalsozialisten am Antikriegsmuseum Berlin in der Parochialstraße vorbei und rissen die weiße Friedensfahne herunter. Der Leiter des Museums, der bekannte Antimilitarist Ernst Friedrich, stellte die Banditen zur Rede und wurde von ihnen sofort mit Faustschlägen und Schlagringen niedergeschlagen. Dann trampelten die ‚Aufbauwilligen' auf ihm herum und zogen schließlich ihres Weges. Friedrich war noch imstande, sich zu erheben und ihnen zu folgen, bis sie im Sturmlokal von Bergmann, Schillingstraße 13, verschwanden. Da er vollständig mit Blut besudelt war, hätte die Polizei die Pflicht gehabt, der Sache nachzugehen. Einige Polizeibeamte, die Friedrich alarmierte und aufforderte, mit ihm ins Lokal zu gehen und die Schläger festzustellen, waren nur unter Zögern dazu zu bewegen. Wahrscheinlich hatten sie Wichtigeres zu tun, nämlich auf die streikenden Straßenbahner aufzupassen. Die gestohlene Fahne war natürlich inzwischen zum Hinterzimmer des Lokals hinausgetragen worden. Es konnte aber wenigstens noch der Name des Sturmführers festgestellt werden. Das saubere Bürschchen heißt Otto Salzwedel und wohnt in der Weberstraße 25.

Dieser junge Mann, der bei Kriegsausbruch ganze 6 Jahre alt war – er ist geboren am 14. Juni 1908 – erlaubt sich, mit solchen schuftigen Methoden gegen Antimilitaristen vorzugehen, obwohl er noch keine blasse Ahnung hat, wie volkszerstörend ein Krieg wirkt. Er soll sogar in Zeugengegenwart der Polizeibeamten gesagt haben: ‚einer meiner Leute hätte genügt, um Dich fertig zu machen'. Jedenfalls sieht so die deutsche Einigkeit aus, die man auf dieser Seite immer wieder im Munde führt. Pfui Teufel!

Die Arbeiter des Berliner Ostens werden auf diesen Burschen und sein Rollkommando ein besonderes Augenmerk haben, um ihm sein Handwerk zu legen.

Aus dem ‚Syndikalist' November 1932"

Das Volk ist krank

Jeder gesunde Mensch lehnt eine Bevormundung ab.

Jeder vernünftige Mensch will selbständig denken und handeln.

Kranke Menschen brauchen Vorschriften, lassen sich gern führen.

Das deutsche Volk ist krank.

Millionen Schwache werden unterdrückt – Millionen Kranke trotteln *freiwillig* hinter ihrem „Führer" her, der denkt für sie, der schreibt ihnen vor, wie sie ihre Füße zu stellen haben, wie sie ihren rechten Arm erheben müssen, was sie sprechen sollen, wenn sie den Mund aufmachen dürfen.

Kranke Menschen soll man nicht hassen, auch wenn sie noch so viel Schaden anrichten. Man soll sie heilen – isolieren schlimmstenfalls. So wenig, wie ich den Staatsanwalt haßte, der die härtesten Gefängnisstrafen gegen mich beantragte (während die Richter im Beratungszimmer saßen, plauderte ich freundlich mit meinem Ankläger), so wenig wie ich dem Polizisten zürnte, der mich verhaftete, oder dem Gefängniswärter, der mich einsperrte: es waren ja alles Menschen, kranke oder um ihre Existenz besorgte Menschen — so wenig haßte ich die Nazis! So sehr ich für die Völkerverbrüderung wirke: so sehr liegt mir auch die Verbrüderung mit meinem *eigenen* Volke am Herzen.

Das unterscheidet meine ehrliche Friedensgesinnung von Hitlers unglaubwürdigen Friedensbeteuerungen: *Hitler macht Friedensangebote an seine „fremdstämmischen" Feinde, aber seine eigenen Volksgenossen haßt er, wenn sie eine andere politische Gesinnung haben! Hitler reicht über die deutsche Grenze seine Hand zur Versöhnung, aber seinen deutschen Brüdern gibt er die Peitsche, wenn sie einen anderen Glauben haben!*

Ich kenne keine „Feinde" — weder jenseits noch diesseits der Grenzpfähle!

Ich kenne nur Menschen, nur Menschen; gesunde und kranke.

Die Nazis aber — vom Führer verführte, kranke Menschen — haßten mich!

Um meiner Liebe willen — haßten sie mich.

Ich fand bald keine Versicherungsfirmen mehr, die meine Schaufensterscheiben versicherten; sie wurden *zu oft* von den Nazis eingeschlagen.

Ich brachte eine Rolljalousie an.

Die Nazis stachen mit dem Bajonett durch die Jalousie und demolierten Jalousie *und* Scheibe!

Sie mischten sich in Zivil unter die Museumsbesucher und bewiesen, daß sie gute

Spitzbuben sein konnten; — es war ja unmöglich bei den oft stundenlangen Besichtigungen, neben jeden Besucher einen Museumswächter zu stellen.

Persönlichen Schutz lehnte ich ab. Ich kannte ja keine Feinde, ich kannte nur Gegner!

Mit vielen von ihnen lebte ich in gegnerischer Freundschaft, in freundlicher Gegnerschaft.

Sah ich vor der Schaufensterscheibe braune Uniformen, so ging ich hinaus und lud sie freundlich zu einem Gratisbesuch des Museums ein. Ich führte sie durch die Ausstellung, wir diskutierten — ich lieh oder schenkte ihnen Bücher zum Abschied.

Sie gingen ohne Haß.

„Ja, wenn sie alle so wären, wie du — —.“

„Sie sind *alle* so. Ihr müßt nur das Gute in *allen* Menschen sehen wollen.“

An Stelle der beiden Laternen an der Hausfront hingen ursprünglich ein deutscher und ein französischer Stahlhelm — als *Blumenampeln*. Auf dem deutschen Helm stand: „*Nie wieder*“, auf dem französischen: „*Plus jamais*“. Ein wirklich schönes Friedenssymbol!

Viele Straßenpassanten blieben stehen und betrachteten gedankenvoll diese beiden nutzbringend verwendeten Stahlhelme, aus denen die schönsten Blumen blühten. *„Nie wieder!“*

Nur die Nazis ärgerten sich über dieses Friedenssymbol.

Wenn alle Stahlhelme als Blumentöpfe verwendet werden, dann gibt es ja keinen Krieg mehr!!!

Also rückten die Hitlersoldaten — des Nachts — mit langen Stangen vor das „Anti-Kriegs-Museum“ und hängten den *deutschen* (!) Stahlhelm ab. Allerdings nur mit dem Erfolg, daß am Tage darauf ein anderer deutscher Stahlhelm am Eisenwinkel hing. (Den französischen

Stahlhelm ließen sie stets hängen, womit die Nazis andeuten wollten, daß sie einverstanden sind, wenn die *Franzosen* „Nie wieder“ Krieg führen wollen).

Das an- und aufregende Spiel mit dem Stehlen der deutschen Stahlhelme wiederholte sich so oft, bis mein Vorrat an diesen Dingern zur Neige ging.

Da ließ ich die Stahlhelme mit großen Eisenhaken in die Wand einmauern!

An den Eisenwinkeln hingen jetzt zwei Lampen, die Nachts die Häuserfront hell erleuchteten.

Oft habe ich Nazijünglinge im Museum dabei ertappt, wenn sie kleine Klebemarken mit „Hakenkreuzschmuck" und der Aufschrift „Judenschwindel" heimlich auf ein Bild klebten. Da ging ich hin, löste die Klebemarke wieder ab und überreichte sie freundlich dem erschrockenen Nazi: „Kleben Sie bitte *dieses* Ding nicht bei mir an, denn ich bin zufällig *kein* Jude. Es ist also ein Nazischwindel, wenn Sie meine Arbeit als „Judenschwindel" bezeichnen. Außerdem habe ich einen echt deutschen Namen: bin sozusagen Nachkomme von „Friedrich dem Großen".

Nie habe ich auch nur einzigen Nazi physisch bekämpft.
Ich war gegen die kommunistischen Parole: „Schlagt die Faschisten, wo ihr sie trefft". Noch im Jahre 1931 schrieb ich in meinem Buch „Festung Gollnow", Seite 76:
„Trotz dieser Parole sind die Nationalsozialisten die zweitstärkste Partei im Reichstag geworden! Vielleicht wäre es besser, ihr würdet mal die Parole probieren:
‚Klärt die Faschisten auf, wo ihr sie trefft!' "

Meine ständige Gegnerschaft, die auch den Menschenbruder im Gegner erkannte, war natürlich nicht bei *allen* Nazis erfolgreich. Es waren ihrer zu viele.
Die meisten haßten mich, weil ihre (Ver)Führer in Versammlungen und Zeitungen gegen mich hetzten.

Es bedurfte nicht erst der späteren, völligen Zerstörung des Friedensmuseums als einen Beweis für ihren abgrundtiefen Haß gegen mich und mein Friedenswerk.

Schon lange vor Hitlers Machtergreifung wurde ich mehrmals überfallen und mißhandelt.
Nachts — wenn ich von auswärtigen Versammlungen nach Hause ging, durfte ich nicht zu dicht an den dunklen Haustüren entlang gehen, um nicht plötzlichen Überfällen ausgeliefert zu sein.
Später rückten die Nazis sogar am hellen Tage an! Dabei hatten sie gewöhnlich die Taktik, durch die Parochialstraße im Sturmschritt zu laufen, beim Museum vorbei und klirr … im eiligen Vorüberrennen die Scheiben einzuschlagen.

Einen besonders gemeingefährlichen Überfall leisteten sich die Nazis an einem Nachmittag des November 1932.
Etwa 100 Mann stark, rückten sie in voller Uniform vor das „Anti-Kriegs-Museum" und rissen die weiße Friedensfahne herunter. Als ich aus dem Museum auf die Straße trat, um die gestohlene Fahne zurückzufordern, wurde ich sofort umringt und von allen Seiten mit Knüppeln und Koppelschlössern niedergeschlagen. Auf dem Boden liegend, traten sie mir mit ihren Stiefeln ins Gesicht. Jeder Nazi bemühte sich, auf diese „Hitlerart" seine „Visitenkarte" bei mir abzugeben.

Mit einem verstauchten Nasenbein und einem verletzten Auge lief die Sache noch einigermaßen glimpflich ab.

Die Zeitungsberichte über diesen Vorfall bewirkten das Gegenteil von dem, was ich erwartet hatte: statt einer vermehrten Besucherzahl — als Protest gegen diesen Überfall, als einen Sympathiebeweis für das „Anti-Kriegs-Museum" — kam an dem Tage nach dem Überfall nicht ein einziger Besucher! Man befürchtete wohl, selbst in „so eine" unerfreuliche Affäre hineinzugeraten. Auch an den folgenden Tagen erschienen sehr, sehr wenige Besucher — meistens zufällige Straßengänger.

Längst wollte ich das Museum schließen, aus Mangel an finanziellen Mitteln.

Jetzt aber, nach diesem erneuten Überfall, nach dem gemeinen Herunterreißen der Friedensfahne, wollte ich auf keinen Fall nachgeben. Diesen Triumph gönnte ich den Nazis nicht!

Im Gegenteil: hatten die braunen Straßenräuber eine weiße Fahne heruntergerissen, die *ein* Meter lang war, so hängte ich am nächsten Tag, oben, zur Dachluke heraus, eine neue Friedensfahne, *acht* Meter lang! Die vom Dach bis zur ersten Etage herunterreichte. Jetzt sah man in riesigen Dimensionen die beiden Hände, die ein zerbrochenes Gewehr halten; in gewaltigen goldenen Buchstaben leuchtete von der weißen Leinwand die Inschrift:

„*PAX VOBISCUM*".[•]

Das Museum blieb geöffnet – nun erst recht!

Ende des Jahres 1932 wurde der Straßenterror immer brutaler.

Mit Messern und Pistolen gingen die politischen Gegner aufeinander los.

Täglich gab es Tote und Verwundete.

Aus diesem gewaltigen Meer von Blut und Haß ragte das Friedensmuseum wie eine kleine, einsame Insel.

Von draußen durch die Schaufensterscheiben grinsten die Nazis in den Ausstellungssaal und freuten sich, daß durch ihren Terror die Besucher abgeschreckt wurden.

Im Interesse der immer weniger kommenden Museumsbesucher wollte ich jetzt etwas vorsichtiger sein. Die Eingangstür zum Museum wurde von innen abgeriegelt. Die Besucher mußten anklopfen — der Riegel wurde zurückgeschoben und hinter jedem Eintretenden wieder vorgeschoben.

Es hatte im Grunde wirklich keinen Zweck mehr, das Museum weiter geöffnet zu halten. Doch die Nazis sollten mich nicht feige finden.

Die riesige Friedensfahne — weithin sichtbar — lud täglich, auch des Sonntags, zum Besuch des Museums ein.

Aber jetzt kamen fast gar keine Besucher mehr.

Ich stand auf verlorenem Posten.

Dennoch dachte ich nicht daran — aufzugeben!

Je stärker der Terror wurde, um so notwendiger war ja die Friedensarbeit.

Meine Freunde warnten mich: „Die sprengen dir noch das ganze Haus in die Luft".

Macht nichts, wenn nur das *Archiv* des Museums — — — vorher in Sicherheit gebracht ist!

Die Sammlung und Arbeit von zwanzig und mehr Jahren, wofür ich inzwischen *Jahre* meines Lebens hinter Gefängnismauern abgesessen hatte — von den finanziellen Opfern gar nicht zu reden — diese Arbeit durfte nicht vernichtet werden.

[•] D. h. „Frieden mit Euch".

Es galt daher, das ganze Archivmaterial in Sicherheit zu bringen! Kein Mensch durfte davon etwas erfahren …

Das war eine enorme, wochenlang dauernde Tätigkeit, denn das Museum war stets von Spitzeln umstellt.

Kleine Paketchen, auf den Leib gebunden, oder in der Aktentasche, so verließ ich täglich mehrmals das Museum und brachte das Material zu guten Freunden. Auf dem Wege dort hin mußte ich mehr als einmal verdächtige Gestalten „abhängen", indem ich im Straßengewühl plötzlich in entgegengesetzter Richtung verschwand.

So kam allmählich das gesamte Archivmaterial in Sicherheit.

Inzwischen hielt ich nach wie vor das „Anti-Kriegs-Museum" geöffnet.

Einige Veränderungen konnte niemand bemerken. Im großen Ausstellungssaal waren nur noch ganz wenige Dokumente des Weltkrieges zu sehen. Dafür hingen jetzt mehr Photographien vom chinesisch-japanischen Krieg in der Mandschurei. Diese Photos waren alle ersetzbar, alle in Kopien vorhanden.

Was die Nazis später, beim Sturm auf das Museum, zerstören oder stehlen konnten, war also lediglich *ersetzbares* Material und — der Museumsdirektor.

Nun: ich lebe ja noch!

Zuerst holte man den Direktor . . .

Februar 1933.

Der Terror der Nazis kannte keine Grenzen mehr.

Die Arbeiterschaft protestierte. Gewaltig war die letzte große Straßendemonstration der Kommunisten. Erschütternd der Anblick der Arbeitslosen, der Hungergestalten, die nicht für „Arbeit und Brot" aufmarschierten, sondern für *Freiheit* und *Einheitsfront*!

In größter Kälte, in schlechter, unzureichender Kleidung, so zogen viele Tausende durch die Straßen, die für Stunden den Proletariern gehörte. „Berlin" . . ., schrie einer aus ihrer Mitte, . . . „bleibt rot!", antwortete die Masse.

Und immer wieder: „Berlin" . . . „bleibt rot!"

„Es lebe die Einheitsfront!", riefen andere.

Aber die Einheitsfront lebte nicht, darum mußte das rote Berlin sterben.

Auch die sozialdemokratische Partei rief ihre Anhänger zu gewaltigen Protestmärschen durch die Straßen. Die Nazis verkrochen sich in ihre Schlupfwinkel.

Auch bei den Sozialisten marschierten Tausende und aber Tausende, die für das rote Berlin demonstrierten. Auch hier hörte man Rufe nach der „Einheitsfront".

Aber die Einheitsfront kam nicht. Darum konnte Hitler kommen.

Eine sehr eindrucksvolle Kundgebung — die letzte — veranstaltete das „Reichsbanner" im Lustgarten. Feldmarschmäßig marschierten die einzelnen Kompagnien und vereinigten sich im Lustgarten zu einer Riesenarmee, die immer wieder „*Freiheit*" schrie!

Alles verlief in „Ruhe und Ordnung".

(DRP.)*

In Ruhe und Ordnung wurde Hitler, der ehemalige *Österreicher*, Reichskanzler von *Deutschland*.

Das „Anti-Kriegs-Museum" wartete weiter auf Besucher . . .

Göring war schon Polizeiminister, er stellte zu Tausenden seine braunen Gesellen als „Hilfspolizisten" ein. In einer Rundfunkrede forderte er seine Untergebenen auf, *rücksichtslos zu schießen!*

„Ich selbst", so erklärte er, „befehle meinen Leuten, ohne Zögern von der Waffe Gebrauch zu machen. Jede Kugel, die aus dem Lauf geht, verantworte *ich*! Ich selbst schieße lieber einmal zu weit oder zu kurz, aber ich schieße! Jeden von meinen Polizisten Erschossenen habe *ich* erschossen".

Das war schon direkter Befehl — zum Arbeitermord!

Es wurde dann auch in den folgenden Tagen von diesem Befehl in ausgiebiger Weise Gebrauch gemacht.

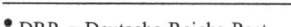

* DRP. = Deutsche-Reichs-Post

Sonntag, den 26. Februar.

Die Nazis hielten — nur etwa 200 Meter vom „Anti-Kriegs-Museum" entfernt — eine große Truppenschau ab; mit Vorbeimarsch bei dem Truppführer. Eine Musikkapelle intonierte fortwährend Kriegsmärsche. In Paradeschritt — unter lauten Kommandorufen — die Sturmriemen unter'm Kinn — so klatschten die Nazis ihre Stiefel auf das Pflaster, so daß die Fensterscheiben klirrten.

Die Trottoire waren dicht umsäumt von „erwachten" Teutschen. Frauen und Männer erhoben begeistert die Arme zum Hitlergruß. — (Ich hörte das Schreien und Toben, hörte die Paradeschritte im „Anti-Kriegs-Museum".)

Als ein großer Trupp Polizeibeamter in ihren blauen Uniformen, die Hakenkreuzbinde am Arm, im Parademarsch mitmarschierten — voran eine Hakenkreuzfahne — da kannte der Jubel keine Grenzen mehr. Hysterische Frauen überschrien sich mit „Heil Hitler". Andere weinten vor Rührung. Wieder andere warfen den Polizisten Zigaretten zu. Aus den Fenstern flogen Blumen, Taschentücher und Hüte auf die ehemals „republikanischen" Polizeibeamten.

Dieselbe „Stimmung" wie in den Augusttagen 1914.

Das war am Sonntag.

Ich saß in meinem Museum und freute mich. Daß mein Archivmaterial bereits in Sicherheit war. Die Nazis konnten kommen. Es war jetzt nichts mehr zu befürchten, wenigstens nicht mehr für das Material.

Nachmittags schaltete ich im Ausstellungssaal und allen Nebenräumen sämtliche elektrischen Lichter ein!

Ich ging als einsamer Besucher durch alle Räume.

Ich nahm Abschied von der Stätte, die ich mir mit so viel Schweiß und im wahrsten Sinne des Wortes mit Blut erworben hatte. Zwar wollte ich keinesfalls das Museum schließen und freiwillig diesen Ort verlassen — davon konnte keine Rede sein. Im Gegenteil!

Ich wollte nur nicht *unvorbereitet* meinem Schicksal entgegengehen, wollte noch einen einsamen, stillen Abschied nehmen, wollte dem ganzen Werk und mir selbst sozusagen die „letzte Ölung" geben.

Ich heizte alle Öfen.

Unten, im Ausstellungssaal, brannte bald in heller Glut der große Anthrazit-Kamin.

Licht aus!

Der Saal war von Kaminfeuer erhellt.

Über die Bilder an den Wänden huschte mein Schatten.

Ich ging auf und ab.

Immer auf und ab — in wehmutsvollen Abschiedsgedanken.

So muß einem Kapitän zu Mute sein, der sein liebes Schiff untergehen sieht und der sich nicht entschließen kann, es zu verlassen . . .

Manchen Ausstellungskasten habe ich betastet und gestreichelt. Dieser hier kostete 64 Mark. Der Tischler hatte nur das Gestell angefertigt. Die Glasscheiben setzte ich selber ein. Das war billiger.

Am runden Tisch mit seinen vielen Antikriegstrophäen blieb ich lange Zeit stehen und betrachtete den „Schmuck" der unter Glas liegenden Tischdecke: Viele hundert Gerichtssiegelmarken waren zu einem großen runden Kranz vereinigt, der Strafbefehle und Entlassungsscheine aus Gefängnissen umrandete. „Zur freundlichen Erinnerung an meine Dienstzeit."

Ach, wie schwer — wie unendlich schwer, fiel mir der Abschied von meinen Büchern — von meiner Bibliothek! „Wenn die Kerle, die das Museum plündern werden, wenigstens die Bücher *lesen* möchten."

Mein schönes, schönes Märchenzimmer! Die Wände waren vom Fußboden bis zur Decke mit den bekannten Märchenbildern bemalt. Mein Schreibtisch stand sozusagen mitten im Wald, in dem „Rotkäppchen und der Wolf" zu sehen waren. An den „Bäumen" hingen die Brutkästen meiner Wellensittiche. Die andere Wand gegenüber zeigte „Max und Moritz", die soeben den Wassersteg zum „Schneider-

Aus Hitlers
„Völkischem Beobachter"
vom 16. Februar 1934.

meister Meck-Meck" angesägt hatten. Oben, an der Decke, flog ein großer Schwan, an seine Füße klammerte sich der vom Wasser triefende Schneidermeister.
An der anderen Wand, über'm „Hänsel und Gretel-Kamin", schlief der böse Menschenfresser, während sich der kleine Däumling mit seinen sechs Brüdern die Hände reichte und — heidi — hast-du-nicht-geseh'n — in Siebenmeilenstiefeln durch die Lüfte sauste.
Ach und der schöne Märchenkamin! Was hatte der für viele Mühe gekostet. Er war ganz aus Pfefferkuchen und Pfefferkuchenherzen — gemauert. Die böse Hexe fehlte nicht; und Hänsel und Gretel tanzten vor Freude — auf großen Pfefferkuchen — versteht sich.

Hier hab' ich so manche einsame Nacht am Märchen-Kamin gesessen und beim knisternden Feuer neue Geschichten gesponnen. Die alten Märchen scheinen mir oft zu grausam. Da schlitzt ein Jäger dem Wolf den Leib auf, füllt ihn mit schweren Steinen und wirft ihn in den Brunnen. Da wird ein Frosch gequält. Andere grausame Dinge erzählt man den Kindern . . .

Ich arbeitete an neuen Geschichten, die von Liebe und gegenseitiger Hilfe berichten, von Verbrüderung und Versöhnung . . .
Märchen . . . alles Märchen — aber einmal werden sie *Wirklichkeit* werden.

Gegen Osten war ein großes, die ganze Wand ausfüllendes, holländisches Fenster. Durch die buntfarbigen, in Blei gefaßten Scheiben fiel das Licht in herrlichen Farbenspielen.
Wenn die Nazis *hier* herein stürmen — werden sie dann nicht einen Augenblick innehalten?
Sieht *so* das Arbeitszimmer eines bösen „Volksfeindes" aus"???

Ich ging ins nächste Zimmer. Es war mit Dia-Positiv-Kästen gefüllt. Das hat alles enorm viel Geld gekostet.
Es wird bald zertrümmert werden.
So ging ich — Abschied nehmend — durch alle Räume.
Was wird aus meinem Museum werden?
Was wird man mit mir machen?

Ich bin 40 Jahre. Habe noch verdammt wenig für die Sache des Friedens getan. Was ist das schon: ein „Anti-Kriegs-Museum", ein paar pazifistische Bücher . . . und dann noch so einige Kleinigkeiten. Ich möchte noch wenigstens 10 Jahre leben.

Wenn ich *dann* den Weg ins Dunkle gehen muß, dann hätte ich doch wenigstens etwas mehr auf dieser Welt geschaffen!
Ich denke, es ist noch sehr früh . . .

So verbrachte ich die Nacht vom Sonntag zum Montag.
Es war ein langer, langer Abschied.

Am Montag, dem 27. Februar, hatte ich einen *öffentlichen* Vortrag im „Anti-Kriegs-Museum" angesetzt, einen Lichtbildervortrag über „Daumier und *unsere* Zeit".
Der Saal war gut geheizt.
Beim *letzten* Vortrag sollte es recht warm sein. Die Kohlen waren ohnehin bald verbraucht.
Neue Kohlen werden wohl meine „Nachfolger" bestellen.

Der Vortrag sollte um 8 Uhr beginnen. Aber um 8.30 Uhr erschienen erst drei Besucher. Mein Lichtbilderapparat stand seit einer Stunde bereit. 8.45 Uhr kamen noch zwei Gäste.
Es hatte jetzt keinen Zweck mehr, länger zu warten.
Die Stuhlreihen blieben gelichtet.
Wo sind meine vielen Freunde? …
Es war eine recht peinliche Situation.
Die fünf Versammlungsbesucher saßen schweigsam und beklommen auf ihren Stühlen.
Wird der Vortrag ausfallen?
Wartet der Referent nur noch auf weitere Besucher?
Kommt noch jemand?
Die Uhr zeigt 8.50 Uhr. Es ist höchste Zeit, anzufangen!
In meinen einleitenden Worten mache ich einige scherzhafte Bemerkungen über den schlechten Besuch, was wohl darauf zurückzuführen sei, daß viele plötzlich „verreist" seien; andere hätten wahrscheinlich heute abend ihre Koffer zur Bahn gebracht?! — Dann, um mit dem Lichtbildervortrag zu beginnen, schalte ich den Saal finster.

Im gleichen Augenblick wurde der Reichstag in Brand gesteckt!

Den Reichstag konnte ich also nicht in Brand gesetzt haben, das war nicht gut möglich, denn eben zu dieser Zeit hielt ich im „Anti-Kriegs-Museum" einen Vortrag. Ich habe wohl einige Vorkenntnisse, um einen Weltbrand verhindern und löschen zu helfen, aber eine Brandstiftung auszuführen — — ich muß gestehen, daß mir dazu die nötigen Fachkenntnisse fehlen.

Nach meinem Vortrag ging ich daher mit ruhigem Gewissen in mein Märchenzimmer — und schlief bald den Schlaf des Gerechten.
Ich ahnte nicht, daß das Haus um Mitternacht von einem Polizeiaufgebot von allen Seiten umstellt wurde. Ein mitgebrachter Schlossermeister öffnete die Vorder- und Hintertür, und von allen Seiten, über Vorder- und Hintertreppen, schlichen Polizisten und Kriminalbeamte mit schußbereiten Waffen auf mein Schlafzimmer zu.

— —

Ich rieb mir den Schlaf aus den Augen.
Das Bett umstanden *sechs* wohlbeleibte, schwer bewaffnete Kriminalbeamte.
Alles *fremde* Gesichter.

Im Laufe der vielen Jahre, da ich mit Kriminalbeamten „geschäftlich" zu tun hatte, kannte ich jeden einzelnen dieser überflüssigen Biedermänner. Mit einigen hatte ich sozusagen „persönliche Freundschaft". Tatsächlich erhielt ich früher manchmal einen guten „Tipp" von diesen „Freunden". Wenn zum Beispiel eines Tages das Telephon klingelte und mich eine sonderbare Stimme eindringlich bat, *sofort* spazieren zu gehen, da das Wetter so sehr schön sei. Aber das Wetter war gar nicht so „sehr schön" . . .? Die Stimme am Telephon bat um so eindringlicher. „Wer ist denn am Telephon?" — Der Anrufer hatte schon eingehängt. Kaum hatte ich, von dunklen Ahnungen getrieben, das Haus verlassen, als „Krimis" kamen, um wieder einmal nach mir zu suchen. Ein unbekannter Freund unter ihnen hatte mich also gewarnt.

Solche „Beziehungen" hatte ich bis vor kurzem noch zur politischen Polizei.

Die finsteren, drohenden Gestalten, die *jetzt* mein Bett umstanden, kannte ich alle nicht.

Alles fremde Gesichter.

Nazis? … Natürlich!

Ich zähle sechs starke Herren.

Also sogar ein „Besucher" mehr als gestern Abend bei meinem Vortrag! Sechs „Museumsbesucher" zu etwas außergewöhnlicher Zeit und Stunde.

Und ohne Eintrittsgeld zu bezahlen!

Die Revolver, die sie mir unter die Nase hielten, wollten sie durchaus nicht dem Museum zu Ausstellungszwecken spenden.

Dafür interessierten sich diese sechs „Museumsbesucher" sehr stark für *sämtliche* Räumlichkeiten. An *meiner* Führung war ihnen dabei weniger gelegen. Vielmehr führten sie mich

— ins Polizeipräsidium.

Ich sollte mein „Anti-Kriegs-Museum" nie wieder sehen!

Später hörte ich von Nachbarsleuten, daß wenige Minuten nach meiner Verhaftung eine Horde Nazis ins „Anti-Kriegs-Museum" eindrang, mit blanken Messern in der Hand, um mich zu „besuchen", um „das Schwein Ernst Friedrich durch die Fleischmaschine zu drehen".

Sie waren alle recht enttäuscht, als sie feststellten, daß ich schon verhaftet war.

Sie zogen wieder ab.

Einige Tage darauf kamen sie mit großer Verstärkung wieder und erstürmten tapfer das verwaiste „Anti-Kriegs-Museum".

Die „Erstürmung" des Anti-Kriegs-Museums

Wie war es nur möglich, daß man Menschen gewinnen konnte zum Sturm auf ein Haus, das jeder Berliner als ein Haus des *Friedens* kannte, dessen Besitzer keiner Partei angehörte, der kein Marxist und kein Jude war, der selbst seine Gegner achtete, obwohl sie ihn niederschlugen!

Wie konnten sich Menschen dazu hergeben, das Heim eines Kriegsgegners zu demolieren, dessen Wahlspruch war: *„Frieden mit Euch!"*

Nichts leichter für die Erneuerer Deutschlands, als dies. Man verleumdet diesen Friedensmensch in der Nazipresse als

„Marxisten" (!), der sein „verschmutztes (!) Haus" zu einer Zentrale (!) jenen Geistes machte, der bemüht war, die Seele und die Gesinnung des rechtschaffenen deutschen Arbeiters mit jüdisch(!)-marxistischen Ideologien planmäßig zu vergiften, machte es zum roten (!) „Anti-Kriegs-Museum".

(„Der Angriff", vom 25. März 1933)

Wahrlich ein bisschen sehr viel Hetze in einem Satz!
Solche Gipfelleistungen journalistischer Verdrehungskünste bringen wirklich nur Nazizeitungen fertig, solche Lügen kann nur der Naziminister Goebbels in seinem „Angriff" verbreiten.
Die gleichgeschalteten Redakteure der „Berliner Morgenpost" überschlugen sich in entwürdigenden Purzelbäumen vor den Kollegen der Nazipresse, indem sie von der „kommunistischen Hochburg" sprachen.

Durch solche und ähnlich wüste Verleumdungen wurden die Hitler-Soldaten zum „Sturm" auf das „Anti-Kriegs-Museum" gehetzt.
Die „Eroberung" verlief um so leichter, da das Haus völlig schutzlos und vereinsamt war.

Den Besitzer quälte man schon seit Wochen in „Schutz"haft.
Das Friedenshaus stand leer, der „Sturm" konnte beginnen.

Als alterfahrenen Kriegsstrategen (die während des Weltkrieges allerdings noch in den Windeln lagen) schickten sie erst einen Stoßtrupp vor, der das zu erobernde Friedenshaus „sturmreif" zu machen hatte. Eine Nazi-Truppe rückte am hellen Tage an … mit Beilen und Brechstangen.
Die Haustüren des Museums wurden eingeschlagen.
Straßenpassanten, die vorübergingen und das sahen, wagten nicht, stehen zu bleiben; das war gefährlich, das war verdächtig.
Beilhiebe gegen die Tür und Kommandorufe schreckten die Bewohner der Nachbarhäuser.
Verängstigte Menschen standen hinter Gardinen. Pistolenschüsse gegen die Scheiben jagten sie vom Fenster weg. Trotzdem wagten es einige Angestellte aus dem gegenüber gelegenen

Stadthaus, dem Zerstörungswerk heimlich zuzusehen. Ein ehemaliger Frontkämpfer — im Kriege zweimal verwundet — schilderte mir später, mit Tränen in den Augen, was er sah:

„Erst schlugen sie die Tür ein und verschwanden laut grölend im ‚Anti-Kriegs-Museum'. Kurz darauf klirrten in der ersten Etage die Fensterscheiben. Auf die Straße flogen Bücher und Bilder, Küchengeschirr und Möbel, alles durcheinander. Eine Brotbüchse — ein Stuhl — eine Kaffeekanne — wieder Bücher, viele Bücher — ach, die schönen Bücher!
Ein Augenblick war Pause.
Plötzlich hörte man von drinnen heftige Detonationen, gleich explodierender Handgranaten. Dann wieder gewaltiges Gepolter, als ob Wände oder Decken einstürzten. Jetzt krachten im zweiten Stockwerk die Fensterscheiben (das war das Kinderzimmer), und unter lautem „Hallo" warfen sie wieder allerhand Gegenstände auf die Straße: ein Kinderstühlchen, Bilderbücher, Kleidungsstücke. Zum Schluß wurden zerfetzte Betten zum Fenster hinausgehalten und die Federn ausgeschüttet …"
Der alte Frontkämpfer hielt in seiner Schilderung einen Augenblick inne.
„Wissen Sie", begann er wieder mit vor Erregung zitternder Stimme, „ich habe ja im Kriege manches mitgemacht, aber so ein sinnloses Zerstörungswerk habe ich nicht mal in Belgien gesehen".
Die Hauptattraktion kam zum Schluß.
Nach stundenlanger Demolierung des gesamten Hauses — es war inzwischen Abend geworden — schlugen sie in der oberen Etage die Wasserleitungsröhren durch und *das ganze Haus wurde unter Wasser gesetzt!*.
Unaufhörlich — die ganze Nacht hindurch — ergossen sich riesige Wassermengen durch alle Zimmer, über alle Treppen.

— —

Die Nazis hatten ganze Arbeit gemacht.
Sie konnten abziehen.

Am Morgen mußte die Feuerwehr kommen, um das Wasser auszupumpen. Das Haus drohte einzustürzen und gefährdete die Nachbarhäuser.

Einige Tage später gab man das „gestürmte" Museum wieder frei, zur Besichtigung für das Publikum — d. h. so weit man gehen konnte, denn manche Treppen und Gänge waren völlig unpassierbar: da lagen zerbrochen Bilderrahmen, Glasscherben, zerfetzte Bücher, zerschlagene Möbel, Kleidungsstücke, Photographien, Briefe, Küchengeschirr, Blumentöpfe — alles bunt durcheinander.
Ganze Wände waren eingeschlagen.
Kachelöfen durch Granaten auseinandergesprengt.
Im Märchenzimmer hatte man nach den großen, künstlerischen Wandgemälden mit Tintenfässern geworfen.
Andere Kunstwerke mit Kot beschmiert.
Im Kinderzimmer lagen zerrissene Betten — die Bettfedern ausgeschüttet.
Dazwischen einige Seiten aus den Schulheften der Kinder.
In der Küche war die Decke eingeschlagen.

Und immer wieder: Briefe und Bücher, Akten und Photographien — auf Treppen und Gängen. Überall ganze Berge von Glasscherben und Bilderrahmen.

Man fragt sich: Warum haben die Nazis das alles *gezeigt*? Jedermann hatte freien Eintritt zur Besichtigung. Sogar eine Kompanie der Reichswehr erschien und wurde durch diesen Trümmerhaufen geführt. Warum zeigte man diese Schandtaten?

Der Nazi, der die „Führung" durch die jetzigen „Katakomben" und das einstige „rote Anti-Kriegs-Museum" veranstaltete, gab die Antwort: „So, meine Volksgenossen, haben die Marxisten gehaust!"

Und mit dem ernstesten Gesicht von der Welt fügte der Führer hinzu: „Natürlich wird jetzt die jüdische Presse im Ausland wieder Greuelmärchen erzählen, aber die das hier taten, waren *Kommunistenstrolche* in Naziuniform, um unsere gute deutsche Sache zu schädigen. – Heil Hitler!"

Man wäre geneigt, zu sagen, eine so ruchlose Tat, eine so brutale Verwüstung können nur einzelne, völlig verhetzte, irregeleitete Untermenschen begehen, wenn nicht in der Art und Weise, *wie* sie dabei vorgingen und was sie aus dem Friedensmuseum machten, zugleich der Beweis liegen würde, daß es *Feinde des Friedens*, daß es eben — *Nazis* waren!

Das war nicht etwa sinnlos — das war höchst *sinnvoll*!

Wer daran zweifelt, daß die Hitler-Regierung mit der Zerstörung des „Anti-Kriegs-Museums" nichts zu tun hätte, der sei hingewiesen auf das *Regierungsblatt*: „Der Angriff" (Nr. 72 vom 25. März 1933), *amtliches Organ des Propagandaministers Dr. Goebbels*, der zugleich Eigentümer und Herausgeber der Zeitung ist. Wir bringen nebenstehend — in Originalgröße — die Kopie eines Artikels aus diesem offiziellen Regierungsblatt.

Die „Friedens"gesinnung der Nazis wird von ihnen selbst dadurch dokumentiert, daß sie nicht nur das Friedenssymbol über dem Hauseingang (zwei Hände, die ein Gewehr zerbrechen) zerstörten und den Friedensspruch, der von der *Liebe* zu den Menschen spricht, (siehe Seite 16) herunterrissen, sondern vor allem auch durch die Tatsache, daß sie das Wort „Anti"- vor dem „Kriegs-Museum" abschlugen, um so — in dem Regierungsorgan (!) — öffentlich zu dokumentieren, daß sie nur ein „Kriegs-Museum" wünschen. — *Sehr* sinnvoll!

Neuer Geist in einem alten Haus

Vom Anti-Kriegsmuseum zum S.A.-Heim

Sturmbann II/6 errichtet sich ein neues Sturmlokal

Durch den Großstadtmorgen schwirrt Gloriacenfang. Die Töne aus ergrimmtem Mund fügen sich zusammen zu einem frommen Choral. Die Turmuhr der Parochialkirche schlägt die achte Morgenstunde.

Um die Ecke der Südenstraße biegt ein Krupplichten, unscheinbaren Haus.

S.A. in die Parochialstraße ein, hält vor einem unterzufassen, die Tür ist verschlossen. Über Garderobe bergeschafft. Ein deutscher und ein englischer Stahlhelm haben als Blumenschale Verwendung gefunden. Im grellen Zeichen die Inschrift: "Antikriegsmuseum".

Der Sturmführer gibt in kurzen Worten bekannt, daß von nun ab dieses Haus als S.A.-Heim Verwendung findet. Die Pforte wird geöffnet, zwei S.A.-Männer poltern die Treppen hinauf, über ein Durchgitter anter von Papier und Gerümpel.

Auf der Ecke Kommandowort: "A.b tung!" Durch eine Bodenluke schiebt sich eine Fahnenstange. Triumphierend flattert das rote "Kriegsmuseum". Im nächsten Augenblick haben sich die S.A.-Männer ihre Mädels entledigt, die ihre Mäßen hängen an der Wand. Mit geöffneten Fragen, in den Händen Schaufel und Besen, gehen sie an die Arbeit. Der Rollwagen freilich, Kommerzig ergießt sich in den Raum. Ein frischer Luftzug streicht durch das Haus. Schmutz und Müstel entfernt gut beide die Anlagerten über der Tür.

Von den Regalen fliegen die Bücher, auf der Straße türmen sich Bücher und Broschüren. Flugblätter und Plakate. Die zu Blumenzösten begrabenen Stahlhelme verschwinden von der Hauswand.

Das Großreinemachen hat begonnen. Mit einem Eifer ohnegleichen wird die "Säuberung" durchgeführt. Schweiß rinnt von den Gesichtern. "Los, los, weiter! faßt den Sturmführer nimmt

Kriegsmuseum

leinen Kameraden ein Buch aus der Hand. "A.b Uba, Antikriegsliteratur, das"! – "Nee, Stapelweise lagern Bücher mit Titelbern und zotigem Inhalt.

"Auch so, Herr Ernst Friedrich, alles unter dem Motto: Krieg dem Kriege."

"Sturmführer, oben ist eine Druckerei."

Über enge, steile Stiegen geht's hinauf. In Regalen geordnet Altblöcke, Nachbildungen, Druckwerke, wie Zeichen der Kommunisten.

Durch die übrigen Fenster der Dachstube fallen die Sonnenstrahlen auf Bilder und Zeitungsausschnitte, Briefe von "Gesinnungsfreunden" liegen umher.

Rußische Beiträge, Mosau liefert "M a

teriel", Strohmatten und Rohgardinen. Dar"mungen des Krieges" und Erlasse der "damaligen Regierung haben einen wahren Haufen.

Eine finanzierte Reiter führt zum Dachgarten. Der Bild löschelt über Alt-Berlin. Der Stäberhof, Standes spielen in der Mütze den Börner. Spatzen schwirren um die Futterstelle der Büchern.

Ein vergessener Winkel aus alter Zeit inmitten der Großstadt.

Der Dachgarten wird hergerichtet. Der wilde Wein wird verschnitten, in die Blumenkästen Samen gelegt. Im ganzen Haus herrscht emsige Tätigkeit.

Das Erdgeschoß ist schon hergerichtet. Gleich born ist die Wachstube. Ein Tisch, darauf das Bockbuch. Draußen wird auf Wagen und Handkarren der Schund abgefahren, den hier

kommunistisch-pazifistische Schmierfinken und Besitzlosen zusammengetragen haben.

Bruchsteinde des Hauses und angrenzende Dächer durchsiechen das Gerümpel und bergen die in Betrieb gesetzt. S.A.-Männer vom Sturm 43 hantieren mit Löffel und Messer, schöpfen das Feuer an und rühren in der Pfanne.

Die nächste Tür trägt die Aufschrift "Sturm 1, Werner Welfin".

Drinnen auf dem Boden, fein säuberlich ausgerichtet, erglänzt Matratzen vorläufig die nach föhlenden Betten. Doch nach Mittwoch Dienstzeit ist den müden Gliedern auch auf diesem behelfsmäßigen Lager die Ruhe gut.

Über den Tisch an der Wand hängt eine Bekanntmachung aus der Kriegszeit, die die Verteilung von Käse betrifft. Nicht betroffen von der Lebensmittelbereitung werden die S.A.-Männer, die jetzt nach mit faurenden Wagen um den Tisch herumsiten. Fü Tisch mit bis zum Essen betrieben, so die Pettire vom Ernst Friedrich Büchern, Lefsen es an Randbemerkungen und Glossen nicht fehlen.

Es behält keine Gefahr, daß die Art der Literatur auf fruchtbaren Boden bei ihnen fällt. Taeg bienen bisse Broschüre der Buch bruderkunft ihnen als Kopfkissen. Sonnenstrahlen spielen in den blauen Fen stern der Dies. Sich nicht die die Leser Wagen beliebte gerümt, die auf die bisherige Bestimmung des Paules schließen lassen.

Bald wird es auf allen Gängen und in allen Zimmern zu ausfehn, wie bei dem Ran neben vom Sturm 1. Hier haben die Schwierze machen und Grenzenfliser des Krieges schon Auch aus dem S.A.-Leben barstellen. Bald wird nichts mehr erinnern an das Wirken des Herrn Friedrich, des Juden Lewin und ihrer Freunde.

Sternige Schreben- und frische Handstreiche lieber weichen ab mit den Fahnenbildern der S.A. Es läuft hinauf zum hohen Kirchturm. Das Glockenspiel legt eilie, das schon vor Jahrhun derten durch die alten Gassen Klang. Und in den Gesang der S.A. mischt sich die Me lodie des Liedes, das ein Vorkämpfer deutschen Wesens gedichtet hat: Martin Luthers Worte finden Widerhall in den Herzen derer, bie gleich ihm für ihr Deutschlum kämpfen:

"Und wenn die Welt voll Teufel wär."

– – – –

Es muß uns doch gelingen!"

H. Sul.

Das zusammengestohlene „Revolutions-Museum"

Lange konnte man die Hausinschrift: „*Kriegsmuseum*" nicht stehen lassen. Es fiel mit der Zeit auch den Nazis auf, daß sie mit *dieser* Dokumentation ihres „Friedenswillens" eine zu offensichtliche Dummheit begangen hatten.

Von höherer Stelle kam der Befehl, die Inschrift „Kriegsmuseum" schleunigst zu entfernen.

Wahrscheinlich hatten ausländische Pressevertreter dem Propagandaminister Goebbels einige recht unliebsame Fragen gestellt.

Es war auch wieder einmal ein „Friedensrede" Hitlers fällig. Die unerschütterlichen Friedensbeteuerungen des Führers könnten durch die Tatsache des „*Kriegsmuseums*" leicht erschüttert werden. Also weg damit!

Die kompromittierende Inschrift verschwand.

Dafür machten die „Erstürmer" des Museums sofort eine neue Firma auf. Das „*Erste Berliner Revolutionsmuseum der SA. Standarte 6, Berlin"*.

Ein etwas langer Titel, weil *alle* ausgestellten Sachen „gelangfingert", d. h. *gestohlen* waren!

Man betrachte nur recht genau die beiden, nachfolgend veröffentlichten amtlichen Photographien aus diesem Nazi-Museum.

Rechts an der Wand hängen *von Gräbern gerissene Kranzschleifen*!

Daneben eine „Rot-Mord"-Puppe mit den einzigen Dokumenten, die *nicht* von Diebstählen, sondern von den Nazis selbst herstammen: Revolver, Schlagring, Dolch und Stahlrute. (Der kommunistischen „Rot-Mord"-Puppe haben sie in ihrer grenzenlosen Dummheit eine *Reichsbanner*(!)-Binde umgelegt.)

In der Mitte: Der von einem jüdischen Arzt gestohlene *Instrumentenschrank!!*

In Ermangelung weiterer Diebstähle für ihr „Museum" haben die Nazis die leeren Wände mit riesigen Hakenkreuzfahnen behängt.

In einem solchen *zusammengestohlenen* „Museum" durfte selbstverständlich der *„Führer"* nicht fehlen. Freundlich blickt er aus blank poliertem Bilderrahmen auf die Trophäen seiner Parteigenossen.

Parteigenossen!!!

Das folgende Bild ist wieder einmal recht bezeichnend für die Dummheit und Skrupellosigkeit der „Erneuerer Deutschlands".

Hier haben sie all die historischen Waffen ausgestellt, die beim „Sturm" auf das Anti-Kriegs-Museum „erobert" wurden und Fahnen, die von Diebstählen aus Gewerkschaftshäusern herstammen. Dabei entblödeten sie sich nicht, Fahnen zu zeigen, die durch eingestickte Inschriften wie: „Seid einig" und:

> *„Nicht mit dem Werkzeug der Barbaren,*
> *nur mit geistigen Waffen kämpfen wir"*

auf die kulturellen Bestrebungen und Friedensziele der marxistischen Arbeiterschaft hinweisen!

Fürwahr: Dieses „Museum" — zusammen gestohlen und verlogen — ist nicht nur ein Zeichen der plumpen Dummheit der Nazis, es ist auch ein Beweis, *was* man dem deutschen Volk zu bieten wagt und bieten *darf* — ohne daß allzu viel teutsche Volksgenossen den ganzen Schwindel *merken!*

An die Fahnen hefteten die Pg*.-Diebe ein Schild mit der Aufschrift:

> Die hiermit genannten
> geistigen Waffen
> 3 Schritt links!

Diese Waffen, die angeblich von „Marxisten" stammen sollen, sind jedoch *türkische* Schwerter, *uralte russische* Bajonette, Gewehre und Artilleriesäbel, die sämtlich aus dem ehemaligen „Anti-Kriegs-Museum" gestohlen wurden!

Dazwischen hängt — wahrlich ein Dokument bodenloser Dummheit der Nazis — die Friedensfahne von Ernst Friedrich mit der Inschrift: „PAX VOBISCUM" = „FRIEDEN MIT EUCH"!!!

Und unter dieser Friedensfahne wieder eine Erklärung:

> Ernst Friedrich
> hat den Kampf aufgegeben

Auch das ist eine Lüge!

Ich denke nicht daran, aufzugeben!
Dies Buch beweist es!!!

---

* Parteigenossen

Dem Verdienste — die Krone!

Das „Erste Berliner Revolutionsmuseum der SA. Standarte 6, Berlin" war trotz seines langen Namens so winzig klein, dass die „Direktion" beschloß, die geklauten Sachen in einem leer stehenden Ladengeschäft unter zu bringen. Einige Häuser weiter war ein Bonbon-Geschäft. Der Besitzer hatte Pleite gemacht, obwohl er strammer Nationalsozialist war. Alte Garde!
Der Hitlertreue Bonbonfritze fertigte, um sein Geschäft zu beleben, extra zugkräftige „braune Bonbons" an. Diese Geschäftskalkulation erwies sich jedoch als ein Fehlschlag. Hitlers rauhe Krieger lutschten nicht gern Bonbons. Auch nicht auf Befehl. Und erst recht nicht, wenn sie die Bonbons *bezahlen* müssen. Also machte der „braune Bonbonladen" zu, und das „Erste Berliner Revolutionsmuseum der SA. Standarte 6, Berlin" etablierte sich hier!
Der Pralinégeruch sollte das Publikum anlocken.
Die alten Phrasen zogen nicht mehr.
In dem süßen Bonbonladen machte sich das nuttige „Museum" viel schmackhafter.
Die vielen Lieferanten des ehemaligen Inhabers, die von der Pleite der bisherigen Firma noch nichts wußten und ahnungslos in den Laden traten, um alte Rechnungen zu präsentieren, wurden darauf aufmerksam gemacht, daß sie sich jetzt im „Ersten Berliner Revolutions-usw.-Museum" befänden und dass es eine Ehrenpflicht sei für jeden echten teutschen Mann, dieses „Museum" — gegen Bezahlung eines angemessenen Eintrittsgeldes — zu besichtigen.
Auf diese Weise hatte das „Erste Berliner Revolutions-usw.-Museum" einige unerwartete Besucher.
Es sollen aber auch andere Besucher gekommen sein.
Wie dem auch sei: das ehemalige „Anti-Kriegs-Museum" mußte einem würdigeren Zweck geweiht werden. Es erhielt in großen Lettern die Aufschrift:
„RICHARD FIEDLER HAUS".

Wer Richard Fiedler war?
Fragt die armen Mütter und Bräute, die hilflos und verlassen an den Gräbern ihrer von Fiedler ermordeten Männer und Söhne weinen!
Dieser verdienstvolle Mann, unter dessen tapferer Führung das „Anti-Kriegs-Museum" demoliert wurde, auf dessen Befehl das „eroberte" Friedenshaus die sinnvolle Bezeichnung „Kriegsmuseum" erhielt, dieser unvergleichliche Held und selbstlose Pg. taufte sich zu Ehren, um seinem „Werk" die Krone aufzusetzen, das Haus auf SEINEN Namen. Bescheiden und uneigennützig nannte er es jetzt: „RICHARD-FIEDLER-HAUS".
Die gleichgeschaltete „Berliner Morgenpost" berichtete am 1. Oktober 1933 über diesen feierlichen Staatsakt:

Im neuen Geiste
Richard-Fiedler-Haus als SA-Heim
Das hundertjährige Gebäude als Heim der Standarte 6

„Inmitten des lärmenden Großstadtbetriebes um den Alexanderplatz liegt in ruhiger Beschaulichkeit eine der ältesten Stadtteile der Hauptstadt, der so genannte Fischerkietz.

Nicht immer herrschte hier dieser Friede. Aus dem Osten der Stadt waren die Kommunisten gekommen, hatten Umzüge veranstaltet und den Fischerkietz besetzt.

*In **diese einstige kommunistische Hochburg** ist heute die SA.-Standarte 6 eingezogen und hat sich ein Heim gebaut, das den Namen des Mannes trägt, der die Standarte in der schweren politischen Kampfzeit geführt und mit ihr den Fischerkietz befreit hat – Richard Fiedler. Zwar ist er heut Oberführer, aber in treuer Kameradschaft bleibt er mit seinen alten Kameraden verbunden. Fast jeder SA.-Mann der Standarte 6 hat an dem Ausbau dieses Heimes an seinem Teil mitgeholfen. Bei der Betrachtung des Heimes von außen würde man kaum glauben, daß so viele Räume trotz der Anzahl von Treppen zur Verfügung stehen. Unter der Leitung von Oberscharführer Reimers, den die Kameraden scherzhaft mit „Stabsarchitekten" betiteln, ist aus einem völlig verdreckten, fast 100 Jahre alten Haus – es steht übrigens unter Denkmalsschutz – ein sauberes, helles Heim entstanden. Mit unbändiger Freude hatten sich die SA.-Männer daran gemacht, ihr Heim zu verschönen. Da standen sie zusammen bei der Arbeit, da holte der Akademiker dem Tischler das Holz heran und der Arbeiter dem Akademiker die Geräte für die Zeichnungen. Alle ermunterten sich gegenseitig zu schneller Arbeit.*

Wie wenige Heime hat das Richard-Fiedler-Heim einen Unterrichtsraum mit Oberlichtbeleuchtung und Kinostühlen für ungefähr 50 Mann. Außerdem enthält es ein Wachzimmer, zwei Schreibzimmer, Wohnzimmer für den jetzigen Führer der Standarte, Standartenführer Markus, und zwei Obertruppführer, ein Ordonanzzimmer und den so genannten „Dachgarten". Man hat einen schönen Umblick auf den alten Stadtteil, auf das Pfarrhaus des Vaters von Horst Wessel, auf den Jüdenhof, auf dem Horst Wessel seinen Sturm immer antreten ließ. Von fern dringt der Lärm der Großstadt in dieses Eckchen, umgeben von den Steinpalästen des 20. Jahrhunderts. Nun aber herrscht wieder Friede. Wenige Häuser weiter erzählt das Revolutionsmuseum der Standarte 6 vom Kampf, der einst hier getobt hat. Frei und hell schallen jetzt SA.-Lieder im einstigen Anti-Kriegs-Museum. Als Richard-Fiedler-Heim ersteht es nun als Heimstätte für die Männer, die in treuer Kameradschaft die Aufgaben erfüllen, die ihnen unser Führer Adolf Hitler gestellt hat".

Auf dem Bild, das Minister Goebbels in seinem „Angriff" vom 25. März 1933 veröffentlicht, sieht man den Oberführer Richard Fiedler, umgeben von seinen „Adjutanten". Breitbeinig, mit umgeschnalltem Revolver, stehen die „Erneuerer Deutschlands" vor dem Eingang des „erstürmten" Friedenshauses. Der Oberführer Richard Fiedler – der Mittelste von den dreien – ahnt nicht, daß ihn selbst bald sein Schicksal erreichen wird.

Der Gekrönte — erschossen!

Am 30. Juni 1934 wurde der »verdienstvolle« Oberführer Richard Fiedler von seinen »treuen Kameraden« erschossen, nachdem sie ihn vorher halbtot geprügelt hatten!

Der Mann, der wehrlose Gefangene in seinem »RICHARD-FIEDLER-HAUS« peitschen ließ - er mußte am eigenen Leibe spüren, welche fürchterlichen Martern seine unglücklichen Opfer zu ertragen hatten.

Fiedler wurde niedergeknallt — so wie er andere Menschen niederknallte.

Gottes Mühlen mahlen langsam!

Die Insignien »RICHARD-FIEDLER-HAUS« mußten »mit Hammer und Meißel« entfernt werden, so wie er einst die Insignien am «Anti-Kriegs-Museum« entfernte.

Niemand darf den Namen des Mannes erwähnen, der einen schmachvollen Tod starb.

Niemand kennt den Ort, wo seine Gebeine verscharrt sind.

> Richard Fiedler
> hat den Kampf aufgegeben.

»Bald wird nichts mehr erinnern an das Wirken des Herrn Fiedler, des Ministers Göbbels und ihrer Freunde..«

Gottes Mühlen mahlen weiter...
immer weiter...

„Im neuen Geiste…“

Die Hitlerkaserne im ehemaligen „Anti-Kriegs-Museum"

Der „neue Geist" war eingezogen in das ehemalige Haus des Friedens. Auf den Fensterbrettern, wo einst Blumen standen, lagen jetzt schußbereite Mordwaffen. An den Wänden hingen Stahlruten und Gummiknüppel.

Das ganze Haus wurde zu einer berüchtigten Folterkammer der Nazis.

Bald schleppten sie die ersten Gefangenen an: Bürger aus der Nachbarschaft, die in Verdacht des Pazifismus standen.

Entsetzliche Schmerzensschreie der Gefolterten hallten durch die ehemals so bedrückend stillen Räume. Bewohner der benachbarten Häuser verließen ihre Wohnungen, um die fürchterlichen Schreie, die durch alle Mauern und Wände drangen, nicht mehr mit anhören zu müssen.

Ein Reichsbannermann, der im Verdacht stand, mit Ernst Friedrich befreundet zu sein, wurde aus seiner Wohnung geholt und unter Triumphgeheul in diese Hitlerkaserne geschleppt. Es gelang den braunen Sadisten, ihrem Opfer unter Peitschenhieben das Geständnis zu erpressen, daß er Ernst Friedrich *kannte*. Dieses „Geständnis" genügte, um den Unglücklichen bis zur völligen Bewußtlosigkeit zu schlagen. Einige Eimer kalten Wassers wurden über seinen nackten, blutenden Körper gegossen.

Er kam wieder zur Besinnung. Dann begannen die Folterungen wieder von neuem – *bis der Mann wahnsinnig wurde*! Von seinen Freunden hörte ich später, daß der Max H. seit den erlittenen Martern an Verfolgungswahn leide. Sie erzählten, wie er nachts „auf allen vieren kriechend" aus dem ehemaligen „Anti-Kriegs-Museum" kam. Die Freunde glaubten erst einen Betrunkenen vor sich zu sehen, der sich auf der Erde wälzt.

Als sie Max H. erkannten und ihm aufhelfen wollten, schrie er vor Schmerzen auf. Der ganze Körper war von Peitschenhieben und Stahlruten zerschlagen. Nirgends durften sie den Mißhandelten anfassen. Auf den Füßen konnte er nicht gehen, weil die Unmenschen ihm auch die entblößten Fußsohlen zerschlagen hatten. So mußte Max H... nach Hause kriechen. Seit diesem Tage leidet der Arme an Verfolgungswahnsinn. Er will keinen Menschen mehr sehen. Wenn es an seiner Stubentür klopft, kriecht er schnell unter den Tisch; er fürchtet, wieder in die Hitlerkaserne geholt zu werden. Die Fensterläden seiner Wohnung hält Max H... auch am Tage geschlossen. Es ist ständig finster in seinem Zimmer, in dem er in irgendeiner Ecke hockt, um bei dem geringsten Geräusch unter den Tisch zu flüchten.

Man muß wissen, daß Max H... ein großer, stattlicher Mann war. Aus einem ehemaligen Sportler, kräftig und gesund, haben die „Erneuerer Deutschlands" ein irrsinnig lallendes Kind gemacht.

Einen anderen Gesinnungsfreund sprach ich. Er hatte den Krieg vier Jahre lang als Frontsoldat mitgemacht, war mehrfach wegen Tapferkeit und Verwundungen ausgezeichnet, zuletzt zum Offizier befördert. Auch ihn schleppten sie als „Pazifistenschwein" ins ehemalige „Anti-Kriegs-Museum", um ihn fürchterlich zu mißhandeln und ihm zu zeigen, welch „neuer Geist" jetzt dort herrsche.

Sein einziges Verbrechen war seine pazifistische Gesinnung. „Strafverschärfend" war seine Aufrichtigkeit.

Ob er das Schwein Ernst Friedrich gekannt habe?

Auf seine bejahende Antwort sauste ihm ein Peitschenhieb mitten ins Gesicht.

Dann mußte er das „Horst-Wessel-Lied" singen, dessen Text er natürlich nicht kannte. Der Führer der Bande hielt es für angebracht, ihm den Text mit Peitschenhieben „einzubläuen".

Endlich befahl man dem halb Ohnmächtigen sein „letztes Vaterunser" auf den Knien zu beten, denn er werde in fünf Minuten aufgehängt.

Wieder ein anderer Pazifist wagte mir nicht zu erzählen, was sie Entsetzliches mit ihm im ehemaligen „Anti-Kriegs-Museum" angestellt hatten.

„Ich kann es dir nicht sagen… ich *schäme* mich — selbst unter Männern — davon zu sprechen. Seit diesem entsetzlichen Erlebnis trage ich immer *das* hier bei mir" (der Freund zog aus seiner Westentasche eine blanke Rasierklinge). „Holen sie mich wieder, dann mache ich unterwegs Schluß. Noch einmal kann ich das nicht durchmachen. Ich schneide mir lieber die Pulsader durch".

Auch Frauen wurden in diese Folterkammer Richard Fiedlers geschleppt, um den „Pazifistenhuren" zu beweisen, daß jetzt ein „neuer Geist im alten Hause" herrscht.

Wenn die Mißhandelten dann entlassen wurden, mußten sie auf einem Zettel unterschreiben, daß man sie *nicht* geschlagen hat.

„Wenn wir gewußt hätten, daß wir das Haus von Ernst Friedrich als unser „Sturmlokal" einrichten würden, dann hätten wir es nicht so demoliert", gestanden einige Nazihelden ganz offen.

Tatsächlich lag ich schon längst in der „Wanzenburg" — einem ganz alten, völlig verwanzten ehemaligen Zuchthaus — auf dem Sterbelager.

Warum kam ich in „Schutz"haft?

Warum wurden Ende Februar 1933 — gleich mir — Zehntausende eingesperrt, die absolut nichts verbrochen hatten?!

Am 5. März, dem Tage der Reichstagswahl, waren es bereits Hunderttausende, die in SA.-Kasernen, Gefängnissen und Zuchthäusern festgenommen und somit *an der Ausübung ihres Wahlrechtes brutal gehindert wurden.*

Unter den Verhafteten befanden sich sämtliche Führer und Abgeordnete der Kommunistischen Partei, die man somit hinderte, Wahlpropaganda zu machen. Darüber hinaus wurden alle Führer der Linken in „Schutz"haft genommen.

Warum? Warum?

Die Antwort ergibt sich von selbst, wenn man weiß, daß es den Nationalsozialisten am 5. März darauf ankam, unbedingt die absolute Mehrheit zu erringen.

Unter normalen Verhältnissen, ohne Wahlbehinderung und Terror, ohne Lüge und Brandstiftung — das wußten die Nazis — wäre das Wahlergebnis eine gewaltige Niederlage für sie geworden, denn schon bei der vorangegangenen Wahl, am 6. November 1932, hatten sie zwei Millionen (!) Stimmen verloren und 34 Abgeordnetensitze eingebüßt!

Diese Schlappe galt es am 5. März mit allen Mitteln wieder gut zu machen.

Wie das geschah, darüber äußerte sich der Ministerpräsident Göring in einer Rede, die er zwei Tage vor der Wahl, am 3. März, in Frankfurt a.M. hielt. Er sagte wörtlich:

„Meine Maßnahmen werden nicht angekränkelt sein durch juristische Bedenken oder Bürokratie. Ich habe keine Gerechtigkeit zu üben, sondern nur zu vernichten und auszurotten".

Wenn alle Führer der Linken „vernichtet und ausgerottet" waren, oder hinter Schloß und Riegel steckten, wenn das ganze Volk „ohne juristische Bedenken" durch Görings „Maßnahmen" unterdrückt und eingeschüchtert waren, dann, nur dann konnten die Nationalsozialisten die Wahl am 5. März wagen.

Aber nahezu 20 Millionen marxistische Wähler konnte man nicht einfach totschlagen.

Göring mußte sich begnügen, „Köpfe rollen" zu lassen und einige hunderttausend Menschen einzusperren.

Auch das ging nicht so ohne weiteres, denn noch lebte Hindenburg, der alte Reichspräsident, der für einen offensichtlichen Verfassungsbruch nicht zu haben war.

Brandfackeln her!

Keine juristischen Bedenken!

Der greise Feldmarschall, der gewohnt war, durch ein Scherenfernrohr die Bewegungen an der Front zu beobachten, konnte mit seinen bloßen, schwachen Augen nicht die Manöver verfolgen, die Göring aufzog.

Der Reichstag brennt!

Keine angekränkelte Maßnahme!!

Beim grellen Feuerschein des brennenden Parlaments unterschrieb der alte Herr mit zitternder Hand das „Schutzgesetz" vom 28. Februar 1933.

Gestern noch nannte der Volksmund den Reichstag eine „Quasselbude". Wüste Beschimpfungen gehörten längst zum guten Ton dieses lächerlich gewordenen Hauses. Regelrechte Boxkämpfe der gegnerischen Parlamentarier waren an der Tagesordnung. Nationalsozialistische Abgeordnete lieferten hier die so beliebt gewordenen „Saalschlachten" mit den Kommunisten.

Im *preußischen* Parlament dienten sogar Tintenfässer, Stühle und selbst Kronleuchter als Wurfgeschosse.

Das deutsche Volk nahm die „Quasselbude", in der doch nur grober Unfug angestiftet wurde, nicht mehr ernst.
Und dieses angesengte Kasperle-theater, über das die National-sozialisten selbst lachten, mußte jetzt herhalten, um Hindenburg die Unterschrift abzuringen für ein „Schutzgesetz", mit dessen Hilfe es Göring möglich war, „ohne juristische Bedenken zu vernichten und auszurotten".

Görings Parteigenossen töteten — nach den amtlichen Berichten der deutschen Nachrichtenbüros — in den letzten Tagen, bis zum 5. März: 51 Gegner.

Diese „Ausrottung" hatte ein zu langsames Tempo.
Göring befahl seinen Polizisten, die SA. „bei jeder Betätigung für nationale Zwecke" (wie etwa die Zerstörung des „Anti-Kriegs-Museums") „nach allen Kräften zu unterstützen".
Göring befahl schießen! – schießen!!
„Polizeibeamte, die in Ausübung dieser Pflichten von der Schußwaffe Gebrauch machen, werden, ohne Folgen des Schußwaffengebrauchs, von mir gedeckt; wer hingegen in falscher Rücksichtnahme versagt, hat dienststrafrechtliche Folgen zu gewärtigen. Jeder Beamte hat sich stets vor Augen zu halten, daß die *Unterlassung* einer Maßnahme *schwerer* wiegt als begangene Fehler in der Ausübung".

Unter solchen ungleichen und ungerechten politischen Verhältnissen, die es den Polizisten zur Pflicht machten, die Wahlpropaganda der Nationalsozialisten „nach allen Kräften zu unterstützen" — während die politischen Gegner niederzuschießen, zu vernichten und auszurotten, oder in „Schutzhaft" zu stecken sind unter Wahlbehinderung und Wahlbeeinflussung – hofften die Nazis auf einen gewaltigen Sieg.
Hinzu kamen die Auflösungen nazifeindlicher Wahlversammlungen, das Verbot gegnerischer Zeitungen. Durch das famose „Schutzgesetz" konnten Görings Polizisten und Parteigenossen bis in die privatesten Gemächer der Staatsbürger hineinschnüffeln. Persönliche Freiheiten wurden beschränkt. Das Recht der freien Meinungsäußerung — beschränkt. Das Brief-, Post-, Telegraphen- und Fernsprechgeheimnis – aufgehoben. Haussuchungen und Beschlag-nahmungen konnten jederzeit angeordnet werden. Beschränkungen des Eigentums waren „auch außerhalb der sonstigen gesetzlichen Grenzen zulässig".

Mit einem Wort: der nicht nationalsozialistische Wähler war vogelfrei!

Wenn man das alles bedenkt, dann ist das Wahlergebnis vom 5. März für die Nationalsozialisten — trotz ihres täglichen Rundfunktrommelfeuers auf die Ohren der verängstigten und eingeschüchterten Hörer, trotz des gesamten Staatsapparats, der ihnen ganz allein zur Verfügung stand — ein gewaltiger Misserfolg, denn sie erreichten statt der erwarteten absoluten Mehrheit nur 43,9% aller abgegebenen Stimmen.

Bei einer, von der Hitlerregierung völlig beeinflußten Wahl, mit Hitler als Spitzenkandidat, *noch nicht einmal die Hälfte* aller abgegebenen Stimmen!

Fürwahr ein recht kläglicher Erfolg!

Von 647 Sitzen errangen die Nationalsozialisten nur ganze 288!

Nur zusammen mit den Deutschnationalen hatte das „Kabinett der nationalen Konzentration" eine knappe, absolute Mehrheit: noch nicht einmal ganze 52%.

Die Sozialisten erhielten — obwohl ihre Presse verboten war — 120 Sitze! Sie zogen als *zweitstärkste* Fraktion in den Reichstag.

Die Kommunisten brachten es — obwohl sie nicht die allergeringste Wahlpropaganda betreiben konnten — auf 81 Mandate!

Die *drittstärkste* Fraktion!!

Da die Nationalsozialisten *allein* die absolute Mehrheit im Reichstag haben wollten, so steckte Göring mit Hilfe des „Schutzgesetzes" einfach die gesamte kommunistische Fraktion in „Schutz"haft. Der Ministerpräsident raubte damit — „ohne juristische Bedenken" — einem Achtel der deutschen Wählerschaft seine gesetzliche Vertretung!

Nur durch die gewaltsame Fernhaltung aller kommunistischen Reichstagsabgeordneten erreichten die Nationalsozialisten das von ihnen gewünschte Ergebnis: statt 647 Abgeordnete gab es jetzt — abzüglich der hinausgeworfenen 81 Kommunisten — nur noch 566. Bei dieser Zahl hatten die Nazis mit ihren 288 Mandanten allein die absolute Mehrheit.

So kam die Hitler-Regierung zur Macht!

So „siegten" die Nationalsozialisten!

Der Reichstagsbrand verhalf ihnen zum „Schutzgesetz".

Mit dem „Schutzgesetz" erschlichen sie sich die „absolute Mehrheit".

Die „absolute Mehrheit" gab ihnen die Macht zur weiteren „Vernichtung und Ausrottung" ihrer politischen Gegner.

— —

Darum also kamen hunderttausende „unliebsame Elemente" in Schutzhaft: *vor* der Wahl, um ein recht günstiges Wahlresultat zu erschleichen und *nach* der Wahl, um das Volk ständig in Angst und Schrecken zu erhalten.

Daß man in einer einzigen Nacht, am 28. Februar 1933, fast *alle* Führer *aller* linken Parteien und Organisationen verhaftete, beweist zur Genüge, daß diese Verhaftungen auf Grund von „Schwarzen Listen" vorgenommen wurden, die die Nazis bereits *vor* Hitlers Machtergreifung in Händen hatten.

Die Massenverhaftungen waren in ihrem Programm ebenso vorgesehen, wie Reichstagsbrand und „Schutzgesetz".

Aufgrund eines Aktionsprogrammes, zu genau festgesetzter Zeit, folgten Schlag auf Schlag: Reichstagsbrand, Verhaftungen, Schutzgesetz — alles innerhalb weniger Nachtstunden!

Warum gehörte ich zu den Verhafteten?

Ich hatte ja mit dem ganzen Wahlrummel und der Parteipolitik absolut nichts zu tun!

Es wurde mir bald klar, daß ich als *Geisel* festgenommen war.

Später sagte man mir ganz unverblümt, daß man mich erschießen würde, sobald ich „dran bin".

Ich hatte die Nr. 90.

Auf dem Polizeipräsidium, wohin die sechs Krimis mich gebracht hatten, war Hochbetrieb. Immer neue Geiseln schleppten sie heran. Den Dichter Erich Mühsam, den Stadtarzt Dr. Hodann, den Abgeordneten Schneller, den Rechtsanwalt Hans Litten, *alle aus ihren Betten heraus verhaftet* — ein sicherer „Beweis" für die hochverräterischen, umstürzlerischen Absichten der Festgenommenen.

Immer mehr brachten sie: Politiker und Schriftsteller, Parteifunktionäre und Ärzte, Kommunisten, Syndikalisten, Anarchisten, Pazifisten, Parteilose — bildeten jetzt eine „Einheitsfront".

Friedlich und kameradschaftlich waren nun alle beieinander. Auf den langen Bänken des Korridors — die Zimmer waren schon alle überfüllt — saßen sie und kannten nun keine Parteiunterschiede mehr. Jetzt, wo es zu spät war.

Als genügend beisammen waren, wurde alles auf Lastautos verladen und unter starker polizeilicher Deckung nach der „Wanzenburg" gebracht.

Die „Wanzenburg"

Der Name bürgt für Qualität.

Ein früheres Zuchthaus, wegen Baufälligkeit seit Jahren nicht mehr „bewohnt", unhygienisch, an Stelle der Toiletten stinkende Kübel in den Zellen, vom Dach bis zum Keller voller Ungeziefer — das war die „Wanzenburg".

Was man Zuchthäuslern nicht mehr anzubieten wagte: für uns „Schutz"häftlinge waren diese verwanzten, stinkenden, dunklen Zellen gerade gut genug.

Die völlig ausgetretenen, morschen Fußbodenbretter sperrten weit auseinander, in den Spalten nistete das Ungeziefer.

Die ungestrichenen Bretter waren so sehr ausgetreten, daß sich tiefe Gruben gebildet hatten. Die harten Äste im Holz ragten wie Katzenkopfpflaster aus dem Fußboden und machten das Auf- und Abgehen zur Qual.

Strenge Einzelhaft.

Niemand durfte mit uns sprechen. Selbst die kriminellen Gefangenen, die unsere Kübel aus den Zellen holten, die uns das Essen reichten, selbst sie durften kein Wort mit uns wechseln.

Stumm verrichteten sie ihren Dienst.

Auf die bescheidenste Frage — keine Antwort!

„Bitte, wie spät ist es?" — Keine Antwort.

„Welchen Tag haben wir heute?" — Keine Antwort.

Wie in einem Totenhause.

Wir waren lebendig begraben!

Todeskandidaten. Geiseln.

Niemand durfte uns sehen. Nur alle vier Wochen gestattete man den Frauen, ihre eingesperrten Männer — im Beisein eines Beamten — zu sprechen. Wenige Minuten.

Diese „Sprecherlaubnis" hatte wohl mehr den Zweck, unseren Angehörigen zu beweisen, daß wir noch lebten. Noch — !

Wie wir lebten, darüber durfte nicht gesprochen werden.

Ob wir gefoltert wurden?

Zum Beweise, daß man uns nicht marterte, gestattete man einmal einem ausländischen Pressevertreter, uns zu interviewen.

Es war der Schwager von Göring.

In einem besonderen, ungezieferfreien, sauberen Zimmer wurden einige prominente Schutzhäftlinge diesem Herrn vorgeführt:

„Ob wir geschlagen werden?"

Wir konnten mit gutem Gewissen mit „nein" antworten. Niemand von uns war (*bis zu dieser Stunde!*) geschlagen worden.

Aber später — als der Besuch weg war — hatten die meisten „Schutz"häftlinge die gräßlichsten Marterungen zu erdulden.

Mein Freund Erich Mühsam wurde totgeprügelt!

Thälmann und Schneller wurden fürchterlich gepeitscht und gequält!

Ich lag in einer völlig verwanzten, vom Ungeziefer und Kübel stinkenden, finsteren Zelle auf dem Sterbebett!

Der Gefängnisarzt, den Gefangenen als „Pferdedoktor" bekannt, kam mich nur zweimal wöchentlich besuchen. Richtiger gesagt: er kam nur zweimal wöchentlich nachsehen, ob ich nicht schon tot sei.

Dabei pflegte er stets nur die Zellentür aufzuschließen — in der brutalen geräuschvollen Art, wie eben ein Pferdedoktor einen Stall aufschließt — blieb im Türrahmen stehen, sah mich liegen und ermahnte mich kurz „recht ruhig" liegen zu bleiben, das kranke Bein „absolut nicht zu bewegen", weil das sonst mein „sofortiger Tod sein könnte". (Ich hatte eine schwere Thrombose!)

Die notwendige Behandlung des schwerkranken Beines hatte ich selbst zu besorgen.

Der Arzt „verordnete" nur, daß meine Waschschüssel mit essigsaurer Tonerde gefüllt wurde. Mit meinem Handtuch mußte ich mir die kühlenden Umschläge selbst machen.

Nach einigen Tagen kam der Pferdedoktor wieder nachsehen, ob ich noch lebe. „Na — ?"

Das sollte heißen: „Noch nicht tot?"

Er blieb, wie immer, an der Tür stehen. Wahrscheinlich, damit er nicht ein paar Wanzen abbekam, die von der Decke fielen wie Hagelkörner vom Himmel.

„Haben Sie noch essigsaure Tonerde?"

Ich konnte kaum schnell genug antworten — da war er schon wieder weg.

Nach einigen Tagen wieder dieselbe „Visite": „Stehen Sie niemals auf, jede Bewegung kann Ihr Tod sein".

Dabei mußte ich täglich mehrmals aufstehen: wenn die Tür aufgeschlossen wurde, um das Essen hereinzunehmen, wenn ich den Kübel in der Ecke benutzen wollte, wenn mich die ekeligen Wanzen zu sehr plagten.

Von einer Reinigung oder Lüftung meiner Zelle war schon längst keine Rede mehr.

Eines Tages polterten draußen auf dem Korridor schwere Kommisstiefel.

Der Schlüssel fuhr brutal ins Schloß meiner Zellentür. Aber es wurde nicht aufgeschlossen.

„Laßt den liegen, der ist nicht transportfähig", erklärte der Wärter und eine andere Stimme: „Der schiebt sowieso bald ab".

Dann wurde rechts nebenan aufgeschlossen: „Machen Sie sich fertig, zum Verhör".

Geisel Nr. 91 kam an die Reihe…

Am Abend brachten sie Nr. 91 wieder: zwei Mitgefangene mußten ihn stützen.

Er sagte kein Wort, er klagte nicht. Wie in einer tiefen Narkose brachten sie ihn, legten ihn auf die Pritsche und gingen.

Am nächsten Morgen lag er auf dem Fußboden in seinem Blut: er hatte sich die Pulsadern an beiden Händen geöffnet.

Erich Mühsam, der Dichter, lag in meiner Abteilung.

Als ich noch nicht krank war, gingen wir zusammen in der täglichen „Freistunde" spazieren.

Richtiger gesagt: sie jagten uns, täglich 20 Minuten, in einem großen Kreise herum. Immer hintereinander, mit einigen Metern „Abstand", damit wir nicht miteinander sprechen konnten.

Aber mein tägliches „Guten Morgen, Erich" raunte ich ihm doch zu.

Und als Erich Mühsam eine „Freistunde" *vor* mir im Gefängnishof herumrannte, kletterte ich immer zu meinem Zellenfenster hinauf und rief schnell mein „Morgen, Erich" dem Freunde zu. Das erforderte viel Akrobatik und mußte sehr geschickt und fix gehen, denn die Wächter im Hof sahen zu den Zellenfenstern hinauf, um den täglichen Rufer endlich einmal zu erwischen. Das hätte dann im „Prügelkeller" eine fürchterliche Strafe gegeben.

Aber sie haben mich zum Glück nie erwischt, so sehr sie auch aufpaßten.

Täglich erhielt mein Freund sein gewohntes „Morgen, Erich!"

Den anderen Gefangenen, die mit Erich Mühsam im Kreise herumrennen mußten, galt der Ruf gleichermaßen. Sie lachten jedes Mal, wenn die Wächter vergeblich ihre Hälse zu den Zellenfenstern hinaufstreckten und wenn dann plötzlich, ganz unvermutet und laut: „Morgen, Erich!" die unbekannte und doch bekannte Stimme rief.

Ach, es war so sehr selten eine Gelegenheit zum Lachen in diesem finsteren Hause…

Später, als ich krank lag, hörte ich manchmal, wenn im Hause alles still war, die erste „Freistunde" im Hof herumlaufen. Da war Erich Mühsam dabei. Ich glaubte oft, die kleinen trippelnden Schritte des alten Freundes herauszuhören …

Da ich nicht mehr aufstehen konnte, schrie ich, auf der Pritsche liegend, aus Leibeskräften zum Fenster hin: „Morgen, Erich!" Ob er meine Stimme gehört hat…?

Eines Nachts wurde Erich Mühsam aus seiner Zelle geholt.

Am nächsten Morgen fehlte er in der „Freistunde".

Ich brauchte nicht mehr zu rufen.

Monate darauf las ich folgende kurze Notiz in einer Nazi-Zeitung:

„Der Schriftsteller Erich Mühsam, der sich in Schutzhaft befand, hat seinem Leben durch Erhängen ein Ende gesetzt. Er stand im 57. Altersjahre".

Lüge!
Erich Mühsam hat sich nicht selbst entleibt!
Wer diesen aufrechten, selbstlosen Menschen kannte, der weiß, daß Mühsam keinesfalls selbst Hand an sich gelegt hatte, sondern *daß ihn die braunen Barbaren zu Tode gefoltert hatten!*

Drei Freunde vor Gericht
Links: Rechtsanwalt Hans Litten (Verteidiger), in der Mitte: Ernst Friedrich (Angeklagter), rechts: Erich Mühsam (Entlastungszeuge) während eines Gerichtsprozesses im Jahr 1929

Erich Mühsam war der Tapferste und Erfahrenste unter uns. Er war von Anfang an auf ein *jahrelanges* Martyrium gefaßt! Als ich ihn das letzte Mal sprach — es war bei unserer gemeinsamen „Vorführung" zum dänischen Pressevertreter — da sagte er zu mir: „Ernst, das wird Jahre lang dauern! Die machen es in Deutschland, wie sie es in Italien gemacht haben".
Nur in einem hatte sich Erich Mühsam getäuscht: Die *Nationalsozialisten haben tausendfach brutaler und gemeiner gewütet als die Faschisten in Italien!*
Trotzdem! Trotz alledem: Erich Mühsam hat geduldig alle Demütigungen und alle Martern ertragen, und niemals kam ihm der Gedanke, sich das Leben zu nehmen. „Den Gefallen werde ich den Nazis nicht tun", sagte er einmal zu mir und äußerte sich ebenso zu anderen Freunden.

Was für entsetzliche Quälereien hat er aushalten müssen? Welche gemeinen Erniedrigungen mußte er über sich ergehen lassen?

Im Mai 1934 — über ein Jahr und drei Monate quälte man ihn schon — berichtet das „Internationale Befreiungskomitee" über Mühsams Martyrium:

„Ein beliebtes Spiel, das die SA.-Leute immer wieder mit ihm machen, besteht in folgender grauenhafter Quälerei: Ein Kreis von SA.-Leuten spuckt auf die Erde: ‚Mühsam, spiel mal wieder Hund und Fliegenfangen!' Dann soll der grausam Gequälte auf der Erde herumkriechen, er wird mit Schlägen dazu gezwungen, und wenn er vor Schmerzen stöhnt, dann heißt es: ‚Der Hund hat gebellt'. Danach versuchen die SA.-Leute ihn zu zwingen, ihren Speichel aufzulecken. Sie pressen sein Gesicht auf den Boden, und wenn er sich in ungeheurem Ekel erbricht, wird er mit den schweren genagelten SA.-Stiefeln getreten, bis er zusammenbricht. Erich Mühsam ist trotz dieser wiederholten grausamen Mißhandlungen und Quälereien nicht gebrochen. Er ist durch keinen Terror dazu zu bewegen, seiner Überzeugung zu entsagen. Umso größer ist die Gefahr für sein Leben. Alle gerecht und ehrlich denkenden Menschen kennen die Größe der Gefahr und werden alles tun, um ihn aus seinem grauenhaften Martyrium zu befreien".

Leider war es nicht möglich, Erich Mühsam den Händen seiner Peiniger zu entreißen. Die Barbaren haben ihn zu Tode gefoltert... in der „Schutz"haft!

Die Wahrheit über den Tod Mühsams berichtet Dr. Kurt Hiller in Nr. 41 der „Weltbühne"[*]. Hiller, der mit Mühsam lange Zeit zusammen in Oranienburg in „Schutz"haft war, schreibt u.a.:

„...ich mußte erleben, wie dieser schwerhörige ältere Mann mißhandelt wurde. Ich werde nie den Anblick vergessen, den er bot, als er fahl über einen dieser Zuchthaushöfe wankte, ein Ohr durch Schläge zu einer dicken, unförmigen Masse aufgeschwollen, zu einer Fleisch-Halbkugel geklumpt...

Am 12. Juli 1934 brachten Berliner Blätter die Nachricht, er habe sich im Lager erhängt. Als ich das las, war mir sofort klar, daß es eine Unwahrheit sein müsse. Nicht nur aus allgemeinen Gründen, Mühsams Naturell widerstrebte dem Selbstmord. Er hatte in Jahrzehnten vieles erlitten und überstanden (zum Beispiel sieben Jahre Festung in Kahr-Bayern), wenn die fürchterlichen Mißhandlungen von Brandenburg ihn nicht zu zermürben vermochten, um wie viel weniger konnte die glimpflichere Atmosphäre von Oranienburg einen Entschluß in ihm erzeugen, für den es in seiner Natur keinen Boden gab! Selbst wenn ‚Himmelstoß' ihn zum zweiten Male zwang, sich den geliebten Vollbart abrasieren zu lassen, wenn Herr Stahlkopf ihm während der letzten Wochen doch wieder ins Gesicht schlug — nach allem Vorangegangenen und bei Mühsams sanguinischem Temperament reichten diese Geschehnisse zum Selbstmord zweifellos nicht aus.

Meine Überzeugung wurde erhärtet durch Mitteilungen, die ich bald darauf erhielt. Mitteilungen von zwei Seiten, beide unabhängig von einander, beides unbezweifelbar zuverlässige Personen, das Gegenteil von Schwätzern, Wichtigtuern, Gerüchtemachern. Ihr Zeugentum, daher auch ihr Zeugnis, ist unanfechtbar.

Folgendes trug sich zu:

---

[*] „Die neue Weltbühne", Wochenschrift für Politik — Kunst — Wirtschaft, erscheint im 30. Jahrgang der „Weltbühne". Verlag in Prag X., Zvzkova 4e. Auslieferung in Zürich: Dr. Oprecht & Helbling A.G., Rämistraße 5. (Stand: 1935; A.d.R.)

Montag, am 9. Juli, wurde Mühsam zu dem neuen Lagerkommandanten Eicke gerufen. Kreideweiß, zitternd kehrte er in den Tagesraum zu den Kameraden zurück: Eicke hatte ihm in aller Ruhe befohlen, sich binnen achtundvierzig Stunden zu erhängen, widrigenfalls passiere etwas. Ein Teil der Kameraden versuchte, ihn zu beruhigen, deutete den Befehl als einen der üblichen rohen Scherze. Andere nahmen ihn ernst, weil Mühsam, an Zynismen gewöhnt, ihn selber ernst nahm. Einer riet ihm, brüllend durch den Raum zu rennen: ‚Man will mich ermorden! Man will mich ermorden!‘ Hörten das hundert Menschen, meinte die Rat gebende Person, dann würde man ihn zwar wohl auf's Grausamste peinigen, aber den Mord nicht wagen. Mühsam entschloß sich leider nicht, diesem Rat zu folgen. Einige Stunden später eröffnete ihm Eicke (nach anderer Version: dessen Adlatus Sturmführer Eckardt), man wolle nicht länger warten, die Sache müsse bereits heute Abend geschehen. Mühsam erhielt den Auftrag, abends nach neun, das heißt zu einer Zeit, in der die anderen Schutzhäftlinge bereits schlafen mußten, mit der von ihm zu säubernden Uniformjacke eines SS.-Mannes und mit einem Strick im Zimmer des Kommandanten zu erscheinen. Mühsam säuberte die Jacke, besorgte sich (dieser Punkt bleibt mir unbegreiflich) beim Kompagnieführer der sechsten Kompagnie, also einem Gefangenen, befehlsgemäß eine Art Strick, eine Wäscheleine oder so, verabschiedete sich von den Kameraden und begab sich in das neben dem Schlafhaus liegende Verwaltungsgebäude.

Er kehrte nicht wieder zurück, am nächsten Morgen (Dienstag, 10. Juli) war sein Strohsack leer. Kurz nach Mühsams Fortgang, Montagabend, hatte Himmelstoß, wie üblich, die Kompagnie inspiziert, auf seine Frage, ob alle zur Stelle, hatte er die Antwort erhalten: ‚Alle außer Mühsam!‘, worauf er geäußert hatte: ‚Das weiß ich, der hat jetzt Dienst‘. Am Morgen, beim Wecken, fragte Himmelstoß auffälligerweise nach Mühsam. Als man ihm mitteilte, der sei nicht wiedergekommen, rief er: ‚Dann wollen wir ihn suchen!‘ Nahm sich ein paar Gefangene und ging mit ihnen spornstreichs über den Hof zum Klosetthaus. Dort hing Erich Mühsam, tot, gelb, den Hals an einen Balken geknüpft, der Körper längs einer der Holzwände, die Abteil von Abteil trennten. Himmelstoß tat überrascht. Nicht viel später wurde allen Gefangenen der Zutritt zum Klosetthaus verboten. In der Zwischenzeit hatte aber ein Kamerad, der durch seinen Beruf ein fachmännisches Urteil über das Knüpfen von Stricken besaß, festgestellt, daß der Strick mit einer Kunst geknüpft war, wie sie dem manuell sprichwörtlich ungeschickten Mühsam niemand nur von Ferne zutrauen konnte. Der Knoten mußte das Werk eines Spezialisten sein. Auch war der Abstand zwischen Balken und Schädel zu gering, daß kein Lebendiger da hätte seinen Kopf hindurchzwängen können. Zum Überfluß erwies sich der Staub der Holzwand, an der die Leiche hing, als ungeschrammt. Die Zunge hing nicht heraus, die Fäuste waren geballt. Übrigens hatten Kameraden der 6. Kompagnie, die in ihrer Besorgnis um Mühsam keinen Schlaf hatten finden können, beobachtet, daß in der Nacht das Licht auf dem Hof zweimal aus und wieder angegangen war.

Den Gefangenen, ohne jede Ausnahme, war klar, daß man Erich Mühsam im Kommandantenzimmer ermordet und die Leiche, um einen Selbstmord vorzutäuschen, im Klosetthaus aufgehängt hatte. Auch bei den abgesetzten, noch übergangsweise amtierenden SA.-Herren bestand hierüber nicht der geringste Zweifel. Aus ihren Äußerungen ging das hervor. Herr Stahlkopf, der in der Mordsache selbst ein halbwegs reines Gewissen haben durfte, wurde von dem umso schlechteren, das er im Allgemeinen Mühsam gegenüber hatte, getrieben, zur eigenen Entlastung Erklärungen abzugeben, die an Deutlichkeit nichts zu wünschen übrig ließen.

Himmelstoß war vermutlich weder Anstifter noch Mitwisser, hatte aber den Leichnam auf seinem Rundgang in der Frühe entdeckt und wünschte sich durch das „Suchen" ein Alibi zu schaffen, das freilich recht plump war. Das ausgedrehte Licht auf dem Hof bezeichnete die Minuten, während der der Ermordete über den Hof getragen wurde, und den Rückweg der Mörder. Über die Methode der Ermordung sind einstweilen nur Vermutungen möglich. Im Lager herrschte die Auffassung vor, daß Mühsam beim Eintritt in das Kommandantenzimmer, das man übrigens durch ein um diese Stunde unbenutztes Vorzimmer betreten mußte, von mindestens zwei Männern sofort gepackt und von einem dritten erdrosselt worden ist (vermutlich aber nicht mittels der von ihm mitgebrachten Leine, sondern auf andere Art).

— —

Mein Leiden verschlimmerte sich mehr und mehr. Die Hauptader unter dem linken Knie war gelb gefärbt: das sichere Zeichen einer Thrombose. Nach jedesmaliger Kübelbenutzung und der damit verbundenen starken Krümmung des kranken Beines war ich auf meinen Tod gefaßt, der Pferdedoktor sagte ja, daß sich durch jede noch so geringe Bewegung in der Ader ein Blutgerinnsel lösen könne, was unweigerlich zu einer Embolie und damit zum Tode führen müsse.

Warum läßt man mich *allein* in der Zelle liegen?

Warum gibt man mir keinen Pfleger?

Warum werde ich nicht ins Lazarett überführt?

Umso wenig wie möglich aufstehen zu müssen, weigerte ich mich, das Essen hereinzunehmen. Da reichte man mir den Eßnapf an die Pritsche. Ich aß fast nichts, um nicht so oft den Stuhl benutzen zu müssen. Schließlich brachte ich es im Training mit der Nahrungsverweigerung so weit, daß ich nur alle zwei Wochen einmal zum Kübel kroch…

Mein Gewicht nahm rapide ab.

Ich habe mich zum Hungerkünstler ausgebildet. Höchstleistung: 14 Tage absolut *nichts* essen.

Am Anfang des Hungerstreiks hatte ich Schmerzen: im Magen und im Kopf. Aber nach acht Tagen war alles überstanden. Ich lag bald völlig apathisch auf der Pritsche.

Nur das verfluchte, brutale Schlüsselgeklapper, wenn die Zellentür aufgeschlossen wurde, zerrte an meinen Nerven. Als ob jemand mit Stecknadeln in meinem Kopf herumkratzte.

Sonst war mir alles gleichgültig.

Nicht einmal die unzähligen Wanzen, die mit mir die Pritsche bevölkerten, störten mich mehr.

Manchmal fiel eine von der Decke herunter. Mitten auf mein Gesicht.

Die ersten Tage und Wochen hatte mich der Pestgestank dieser Tiere angeekelt. Jetzt wischte ich das stinkende Ungeziefer von meinem Gesicht und döste weiter.

Der Rücken war von dem harten Lager längst wund gelegen.

Die Nahrungsverweigerung schwächte meinen Körper derart, daß ich nicht mehr denken konnte. Das war gut so. Das wollte ich.

Ich schlief sehr viel oder richtiger: ich döste sehr viel mit geschlossenen Augen. Ich dachte an nichts. Ich träumte von nichts. Mein ganzer Körper lag nach 14 Tagen Hungerstreik gewissermaßen „in der Schwebe". Ich hatte ein Gefühl, als ob ich nicht auf der Pritsche liege, sondern mitten in der Luft schwebe.

Ich erinnerte mich schwach, als Kind auf dem Rummelplatz in einer Zauberbude „Aga, die schwebende Jungfrau" gesehen zu haben. So ungefähr sah ich mich in der Zelle schweben. Wenn ich immer die Augen starr zur Decke richtete, dann schwebte ich ganz bestimmt.

— —

Einmal besuchte mich der Gefängnispfarrer.

Ich fragte ihn, wie man das mit dem Christentum vereinbaren könne, mich seelisch und körperlich so zu martern, obwohl mein ganzes Verbrechen nur meine Friedensliebe sei. Auch Adolf Hitler betont immer wieder der ganzen Welt, daß er ein aufrechter Friedensmensch sei, und trotzdem verfolgt er die Pazifisten.

Ich fragte ihn, ob es christlich gehandelt war, daß man mein Friedens-Museum zerstörte und mein Familienheim verwüstete, das Kinderzimmer zertrampelte, die Betten zerfetzte...

Der gute Pfarrer glaubte, ich phantasiere. So etwas wäre ganz ausgeschlossen. So etwas käme in Hitler-Deutschland nicht vor.

Ich versicherte ihm, daß ich geistig noch völlig gesund sei und die Wahrheit spräche. Der Geistliche wollte es durchaus nicht glauben und verabschiedete sich mit dem Bemerken, daß er sich selber bei der Staatspolizei erkundigen wolle, „ob so etwas" im neuen Deutschland schon vorgekommen sei.

Als er nach einigen Tagen wieder meine Zelle betrat, sagte er: „Tja, was Sie da neulich sagten, das stimmt ja — leider — aber glauben Sie etwa, daß das Nationalsozialisten waren? Das waren sicher Kommunisten in gestohlener brauner Uniform". Nach einer Weile fügte er hinzu: „Warum mußten Sie auch auf diese sonderbare Idee kommen, ausgerechnet in Deutschland so ein „Anti-Kriegs-Museum" aufzumachen? Wir sind ja doch alle gegen den Krieg und..."

„...Und warum hält man mich dann so lange eingesperrt, obwohl ich nichts weiter verbrochen habe, als ein konsequenter Kriegsgegner zu sein?!"

Der gute Pfarrer verschwand schnell wieder, ohne mir eine rechte Antwort gegeben zu haben.

Ich blieb weiter in „Schutz"haft.

Mein Leiden verbesserte sich nicht — im Gegenteil. Jetzt war die ganze Hauptader bis weit in den Oberschenkel hinauf gelbbraun. Der „Pferdedoktor" kam nur noch jede Woche ein Mal nachsehen — ob ich noch nicht tot sei.

„Kann ich denn nicht endlich in die Lazarettabteilung gelegt werden, Herr Doktor?" fragte ich ihn wiederholt.

Worauf er jedes Mal heftig verneinte. „Ausgeschlossen! Ganz ausgeschlossen! Sie müssen nur ruhig liegen bleiben. Das geht dann ganz von selbst wieder in Ordnung. Nur nicht das Bein bewegen und nicht senkrecht halten. Die allergeringste Bewegung könnte Ihr Tod sein". Sprach's und ging.

Am anderen Tag wurde die Zellentür aufgerissen. Der Wachtmeister brüllte mir irgendetwas zu und schloß sofort wieder ab. Nach kurzer Zeit wurde mein Käfig wieder geöffnet: „Na —

ham Sie denn nicht gehört? Sie soll'n aufsteh'n und sich fertig machen. Bettwäsche abzieh'n. Sie komm'n weg".

Ich blieb natürlich liegen und wies auf die Unmöglichkeit hin, aufzustehen.
„Dann werden Sie eben getragen!"
Ich verlangte den Arzt.
Der sei heut' nicht im Gefängnis.
„Dann muß ich den Direktor sprechen".
Der habe keine Zeit.
Ich protestierte vergeblich. Ich machte den Wachtmeister auf die eventuellen Folgen aufmerksam. Der Arzt habe mir jedes Aufstehen verboten, geschweige denn, daß ich jetzt die Treppen hinuntersteigen dürfe.
Umsonst. Er rief zwei Mitgefangene herbei und befahl ihnen, mich sofort und recht schnell anzuziehen.
„Mann, los — schnell, schnell! Unten wartet schon der Transportwagen".
Sie kleideten mich an. Über das kranke, völlig gekrümmte Bein, das ich „absolut nicht bewegen sollte", wurde brutal die Hose gezogen. Die Stiefel über den nackten Fuß geschnürt. (Zum Strümpfe anziehen war keine Zeit mehr!) Jacke übergeworfen. Hut in die Hand gedrückt.
„Nun los!", befahl der Wachtmeister. „Los! Los!"
„Ich kann nicht".
Ich hatte in diesem Augenblick mit meinem Leben abgeschlossen.
Es erschien mir völlig unmöglich, daß ich diese Strapazen überleben würde.
„Packt ihn an und tragt ihn 'runter. Los! Los!"
Ich wurde drei Treppen hinunterbugsiert.
Dabei pendelte das kranke Bein hin und her; sie stießen es gegen das Treppengeländer.
Wie sagte doch der „Pferdedoktor?"
Unten standen etwa 40 Schutzgefangene in Reih' und Glied. Sie warteten auf mich. Die beiden Träger hängten mich zwei „Schutz"häftlingen um den Hals, und ab ging die ganze *Kolonne.*

Im Gefängnishof stand ein Lastauto. Ich wurde neben den Sitz des Chauffeurs gepackt, und über holprige Pflastersteine raste das Auto …
Wohin?
Es muß Ende Mai gewesen sein.
Als man mich nach der „Wanzenburg" schleppte, war es Ende Februar. Es war kalt und winterlich. Jetzt sah ich von meinem Chauffeursitz zum ersten Mal wieder Menschen auf den Straßen spazieren gehen. Im hellen Sonnenschein.
Eine Dame hatte ihren Sonnenschirm aufgespannt.
Kinder spielten „Murmeln" auf einem Platz. Der eine Junge könnte mein Kind sein. Er sah meinem Ernstel ganz ähnlich.
Schade, daß wir so schnell vorbeifuhren.

Die Bäume, die am Straßenrand standen, hatten alle schon grüne Blätter.
Und über allem strahlte die Sonne.

Gott — wie ist die Welt schön!

Ob der Chauffeur antwortet, wenn man ihn anspricht?
„Wohin fahren wir?“
„Nach Spandau!“
Er antwortet kurz, aber nicht unfreundlich. Es ist noch ein Beamter der alten Polizei.
Ein Glück, daß uns nicht Nazis transportieren.

Aber was will man in Spandau mit uns?

Meine große Körperschwäche — mein krankes, herabhängendes Bein, der Benzingestank, das
ungewohnte, grelle Sonnenlicht — all das verwirrte meine Sinne…

Unter Aufbietung aller meiner Kräfte hielt ich aus, bis das Auto in den Hof des Spandauer
Gefängnisses einbog.

Wie ein Paket Knochen wurde ich von meinem Sitz einem Gefängnisbeamten
heruntergereicht. Der Gefängnisinspektor kam hinzu. „Wen bringt Ihr denn da?“ Als er hörte,
was mit mir „los“ sei, sagte er sofort: „Na, und da bringt Ihr den Mann *hierher*? Der gehört
doch ins Krankenhaus“.
Auf Befehl des Inspektors wurde ich zuerst „abgefertigt“. Ich kam in einen Gemeinschaftssaal,
in dem etwa 40 „Schutz“häftlinge lagen. Als die Zellentür wieder von draußen geschlossen
wurde, umringten mich sofort die Genossen: „Wie heißt Du?“ — „Du bist Ernst Friedrich?“
— „Kennst Du Kurt Hiller? Der ist vorige Woche hier entlassen worden“. — „Lehmann-
Rußbüldt war auch hier — ist auch schon entlassen“.
Ich wußte leider nichts Neues zu erzählen, ich kam ja aus langer Einzelhaft.
Ein Gefangener kam auf mich zu.
„Weißt Du, wer ich bin?“, fragte er.
„Keine Ahnung“. Ich erinnerte mich nur dunkel, dieses Gesicht schon einmal irgendwo
gesehen zu haben. „Wie heißt Du?“ fragte ich. „Dr. Bönheim“, antwortete er, „Du sprachst in
der letzten Friedensversammlung gegen mich — aber das macht ja nichts“, beeilte er sich
hinzuzufügen.
Es war tatsächlich Dr. Bönheim, der ehemalige Chefarzt des Berliner Hufeland-
Krankenhauses. Jetzt war auch er „Schutz“haftgefangener. Als berühmter Arzt hatte er die
Vergünstigung, sich um das gesundheitliche Wohl der Schutzhaftgefangenen kümmern zu
dürfen. Er konnte in allen Zellen Visite machen und vertrat so den Gefängnisarzt, der nur
selten selbst kam, sondern sich regelmäßig von Dr. Bönheim vertreten ließ.
Ich hielt mich mühselig auf einem Schemel aufrecht.
„Was fehlt Dir denn?“, fragte Dr. Bönheim.
„Ach — bloß eine Venenentzündung“, entgegnete ich.
„Was? — Bloß? —Ja, Mensch, weißt Du denn, was das heißt? — Zeig mal her!“
Bönheim untersuchte mich.
„Sofort hinlegen!“, befahl er. „Menschenskind! Sofort hinlegen — Bein hochpacken. Ich rufe
inzwischen den Anstaltsarzt“.
Der Arzt kam und sah sofort, was mit mir los war. Dr. Bönheim stellte sich auf die andere
Seite des Bettes. Die beiden Ärzte sahen einander recht merkwürdig an. Der Anstaltsarzt

schüttelte mit dem Kopf. „Sie können natürlich nicht hier bleiben. Ich lasse Sie sofort nach Moabit bringen, ins Gefängnislazarett".

Der Inspektor kam aufgeregt hinzu. „Um Gottes Willen, wenn mir der Mann hier stirbt", sagte er in aller Offenheit. „Ich habe sofort nach einem Krankenwagen telephonieren lassen! — Mensch! Bewegen Sie sich nicht!"

Bis das Krankenauto kam, dauerte es immerhin noch gute zwei Stunden.

Während dieser ganzen Zeit blieb Dr. Bönheim bei mir und erzählte den zuhörenden Genossen von dem, was ich am Anfang meiner „Schutzhaft" durchmachen mußte; von der Zerstörung meines Museums… All das war ihm längst bekannt.

„Hoffentlich überstehst Du jetzt noch die Fahrt ins Lazarett, dann wird alles wieder gut".

Ich fing an, nervös zu werden. Das Durcheinander und die Strapazen der letzten Stunden hatten mich sehr mitgenommen. Die Erschöpfung durch den Hungerstreik, die monatelange Gewöhnung an tägliche Pein hatten mich abgestumpft und apathisch gemacht.

Jetzt aber hörte ich die ersten herzlichen Worte, und sie überströmten mich so wohltuend, daß ich die Fassung verlor. Meine angespannten Nerven schienen sich zu lockern, schienen mit mir durchzugehen.

Dr. Bönheim hielt meine heftig schlagenden Hände.

Nervenzusammenbruch.

Als mich Genossen auf die Krankenbahre legten, hatte ich mich bald wieder in der Gewalt. Bönheim hielt immer noch meine Hände. Aber ich war wieder ganz ruhig.

Die Krankenträger hoben die Bahre hoch.

Einem Genossen flüsterte ich schnell noch zu: „Wenn ich jetzt auf dem Transport hops gehe, Du — und Du wirst mal später entlassen, dann sage meinen Freunden, daß man mich schändlich in „Schutz"haft behandelt hat. Sage…"

„Los!" befahl der Krankenträger. „Auf Wiedersehen, Genossen!", rief ich den Umstehenden zu. Aus vierzig Kehlen scholl ein herzliches: „Auf Wiedersehen!"

Ich hörte noch, wie der Inspektor, der hinter der Bahre einher schritt, zu irgendjemandem sagte: „Wenn der mir *hier* gestorben wäre…"

Der Transport war furchtbar.

Es war kein eigentlicher Krankenwagen. Ein einfaches Auto, ein Gefangenentransportwagen. An den Seitenwänden lange Bänke. Die Bahre stand mitten drin.

Wenn das Auto plötzlich stoppen mußte, rutschte die Bahre nach vorn und schlug mit dem Fußende an die Wand an.

Durch eine kleine Lücke am Rücksitz des Chauffeurs drang scheußlicher Benzingestank.

Jedesmal, wenn das Auto um eine Ecke flitzte, ging mir ein entsetzliches Gefühl durch den Magen. Ich rief dem Chauffeur durch die Lücke zu, er möge doch langsamer fahren.

Der Chauffeur hörte nicht.

Mir war entsetzlich übel zu Mute.

Ich habe mich erbrechen müssen …

Im Gefängnislazarett

Man brachte mich sofort in den Operationssaal und später in eine Zelle mit zwei richtigen Betten. Durch ein großes vergittertes Fenster kam helles Licht in die Zelle.
Herrschaften, war das hier sauber!
Und so hell!
Gegen die „Wanzenburg" ein wahres Hotel.

Zwar konnte man nicht durch die Scheiben sehen, denn sie waren aus Milchglas. Aber immerhin: statt des stinkenden Kübels ein richtiges Klosett in der Zelle.

Die Wachtmeister hatten hier weiße Kittel an und ließen sich als „Pfleger" titulieren. In der Tat waren sie alle — durchweg — sehr auf ihre Pfleglinge bedacht, ganz gleich, ob es „Schutz"häftlinge oder Kriminelle waren.
„Hier wird jeder Eingelieferte nicht nach seinen Verbrechen, sondern nach seiner Krankheit gefragt!", erklärte mir ein Pfleger. „Bei uns sind Sie gut aufgehoben", sagte ein anderer.
Es stellte sich bald heraus, daß es noch die alten, geschulten Beamten waren, die nicht so schnell durch Nazis von ihren Posten verdrängt werden konnten.

Ein Pfleger war besonders freundlich zu mir. Er sagte mir später, daß er meine Bücher „Krieg dem Kriege" gelesen habe und daß er mich schon seit Jahren durch meine Vorträge kenne.
„Ich hab' Sie extra in dieses Bett gelegt, weil Sie da eine Klingel an der Wand haben. Wenn Sie irgend etwas nötig haben, dann klingeln Sie nur ruhig".
Eine alte katholische Krankenschwester kam. Sie machte mir stündlich kühlende Umschläge.
Es war eine gütige, liebevolle Frau. „Ich werde Ihnen einen Luftring unterlegen, damit Sie sich nicht noch mehr wund liegen". Später nähte sie mir in ihrer Freizeit ein Wattekissen.

Es war freilich sehr notwendig, daß meine wunden Knochen endlich auf Luft und Watte gelegt wurden…
Ich wog noch ganze 44 Kilo.

Nachts hatte ich fürchterliche Schmerzen im Bein, bis hinunter zu den Zehen.

Ich wartete lange, ehe ich mich entschloß, zu klingeln und um ein Linderungsmittel zu bitten. Zwei Pfleger erschienen und packten das Bein, das in einer Schiene lag, etwas anders. Wir wechselten noch einige freundliche Worte, dann wünschten sie mir gute Nacht und gingen.

Aber die Schmerzen wurden immer heftiger.
Ich hielt es etwa eine Stunde aus, dann mußte ich wieder klingeln. Die Pfleger brachten mir Schlaftabletten und entfernten sich. Aber ich fand keinen Schlaf, keine Linderung der Schmerzen. Ich biß die Zähne zusammen und hielt mich mit beiden Händen am Kopfende fest. Ich wollte auf keinen Fall wieder klingeln. Es wurde immer schlimmer. Ich klingelte.

„Geben Sie mir bitte eine Spritze — ich halte es nicht mehr aus". Die Zähne klapperten mir heftig aufeinander. „Herrschaften, diese Schmerzen!"

Die Pfleger hatten nicht die Vollmacht, mir eine Spritze zu geben. „Dann bleiben Sie ein bisschen in meiner Zelle und erzählen Sie mir etwas, damit ich von den Schmerzen abgelenkt werde". Die Pfleger blieben.

Ich bekam *noch* eine starke Schlaftablette.
Dann unterhielten wir uns über mein Friedens-Museum, das ihnen auch bekannt war. Immer wieder mußte ich aufhören zu sprechen, wenn die fürchterlichen Schmerzen mich überwältigten.

„Sehen Sie", sagte ich, „solche und vielleicht noch schlimmere Schmerzen wollte ich meinen Mitmenschen *ersparen*, darum bin ich Kriegsgegner, und darum bin ich jetzt in „Schutz"haft".

— —

Unter der ärztlichen Obhut des Medizinalrats Dr. Schlegel wurde es allmählich besser.
Ich mußte aber noch zwei volle Monate im Bett liegen bleiben, ehe ich mich etwas aufrichten konnte.

Da forderte mich das Gericht in Breslau an.
Ausgerechnet in dem Machtbereich des Fememörders Heines wollte man mich haben.
Medizinalrat Schlegel gab nicht die Erlaubnis, weil ich noch nicht „transportfähig" sei.

Einige Wochen später wurde ich wieder aus Breslau verlangt. Inzwischen war ich soweit, daß ich mich — am Stock gestützt — mühselig fortbewegen konnte.

Das genügte.

Ein SS.-Mann — in voller Kriegsbemalung — holte mich eines Morgens ab. Er war ein ehemaliger Kriegsteilnehmer.
Ich stellte mich ihm unterwegs als „unverbesserlicher Kriegsgegner" vor, der trotz sechsmonatiger „Schutz"haft noch nicht „umgelernt" habe.
Mein aufrichtiges Bekenntnis freute ihn.
Solche Leute seien ihm lieber als die Konjunkturpolitiker, sagte er. Ich hänselte ihn: „Fluchtverdächtig bin ich ja wohl nicht?" — Er sah lächelnd auf mein krankes Bein. Ich trug einen Hauspantoffel an dem kranken Bein.
Dieser SS.-Mann war geradezu brüderlich besorgt um mich. Ich mußte durchaus eine Zigarette mit ihm rauchen, obwohl ich bedauerte. Ich bin Nichtraucher. Er steckte mir schließlich die ganze volle Schachtel zu.
Im Eisenbahncoupé (wir fuhren mit einem fahrplanmäßigen Zug) mußte ich seine Butterbrote mit ihm teilen, mußte sein Obst essen. Dabei wußte er, daß ich radikaler Gegner seiner Weltanschauung war.
Schließlich ließ er mich stundenlang im Coupé allein — völlig unbewacht – nachdem er mir einige Zeitungen gegeben hatte.
Er ließ mich allein im Coupé, damit ich mein stark geschwollenes Bein auf dem Sitz bequem ausstrecken konnte.

So menschlich dieser SS.-Mann war, so unmenschlich war sein Vorgesetzter, der Polizeipräsident Heines in Breslau, in dessen Wirkungskreis ich gebracht wurde.

Darf ich vorstellen?

EDMUND HEINES,

Bekannter Fememörder. Mit 22 Jahren Leutnant in der Räuberbande Roßbachs. Abenteurer im Baltikum und Oberschlesien. Häuptling im Kapp-Putsch und Ruhrgebiet. Gibt sich 1920 als „Kriminalbeamter" aus, verhaftet den 20jährigen Arbeiter Willi Schmidt, schleppt ihn in den Wald und ermordet ihn durch Revolverschüsse ins Gesicht. Heines vergräbt die Leiche. Später bettet er den Ermordeten noch einmal um, „weil seine Knie noch aus der Erde herausgucken" (aus den Gerichtsakten). — Hitler freundet sich mit Heines an und nimmt ihn in seine Nazi-Partei auf, wo Heines eine führende Rolle spielt. — Erst im Jahre 1927 wird der Mord entdeckt und Heines verhaftet. Der Staatsanwalt beantragt gegen ihn wegen Mordes die Todesstrafe. Heines erhält 15 Jahre Zuchthaus, später auf 5 Jahre Gefängnis herabgesetzt. Nach 1 ½ Jahren Strafverbüßung kommt der Mörder gegen 5000 Mk. Kaution auf freien Fuß („Republikanische Justiz gegen die Feinde der Republik!").

So etwas wurde Polizeipräsident in Hitler-Deutschland!

In den Machtbereich dieses „*Untermenschen*" transportierte mich der SS.-Mann.

Bei meiner Ankunft in Breslau wurde ich mit einer teuflischen Erfindung dieses berüchtigten Naziführers und Polizeipräsidenten bekannt gemacht: Die „Gleichschaltung" seiner „Schutz"häftlinge.

„Bist Du schon gleichgeschaltet?", empfingen mich Mitgefangene im Polizeigefängnis in Breslau. Als ich verneinte, sagten mir die Leidensgenossen lächelnd: „Na, dann wirst Du hier erst mal gleichgeschaltet!"
„Was heißt das?", fragte ich, und statt einer Antwort zeigte ein Genosse auf sein blutunterlaufenes, geschwollenes Auge; ein anderer auf seine Zahnlücken; ein dritter entblößte seine Brust, die völlig zerstochen war; ein vierter zog sein Hemd über den Kopf: sein Rücken und Gesäß zeigten entsetzliche Striemen; ein fünfter wies auf große Narben an den Pulsadern seiner Hände: er hatte sich vor einigen Tagen die Adern geöffnet, weil er „noch einmal gleichgeschaltet werden sollte". Der einzige, der noch nicht „gleichgeschaltet" war, war der sechste Häftling in der Zelle: ich. „Also, wie ist das Gleichschalten?", fragte ich, und dann erfuhr ich das Entsetzliche: Jeder neue Schutzhäftling, den die SA. respektive die SS. irgendwie „auf dem Kieker" hat, wird zuerst zur „Z. b. V." geschleppt. Die „Z. b. V." ist die Staatspolizei: „Zur besonderen Verwendung". Jede örtliche Polizei hat ihre besondere Abteilung „Z. b. V.", deren Spezialaufgabe es ist, den Schutzgefangenen Geständnisse zu erpressen.

Bei der „Z. b. V." des Polizeipräsidenten Heines hat sich diese Art „Protokollierung" zu einem fix und fertigen System entwickelt: Der „Gleichzuschaltende" wird in einem besonderen Zimmer empfangen. Während der „Hochsaison" treten je vier Gefangene in dieses „Empfangszimmer", das mit allerhand „Siegestrophäen" ausstaffiert ist: kommunistische Fahnen, Reichsbanner-Ausrüstungsgegenstände, allerhand Waffen und Schlaginstrumente, die man angeblich den Marxisten abgenommen und hier ausgestellt hat. Zur besonderen Schau ist eine lebensgroße Puppe ausgestellt, die einen schwerbewaffneten „Rotfront"-Mann darstellt.

Wie friedlich im Gegensatz zu den Marxisten die Nationalsozialisten sind, erfahren hier die wehrlosen Gefangenen am eigenen Leibe.

In jeder Ecke steht, mit dem Gesicht gegen die Wand, ein „Schutzhaft"-Gefangener, Hände an der Hosennaht! Der erste wird gerufen. Er tritt ins Exekutionszimmer. Als Begrüßung erhält er 20 bis 25 Faustschläge ins Gesicht. Dann wird der Unglückliche an Händen und Füßen gefesselt, auf einer an der Erde liegenden Matratze geworfen und von mehreren SA.-Leuten mit Peitschen und Stahlruten fürchterlich geschlagen. — Der Hauptquäler — ein großer, breitschultriger Kerl — hat seinen Rock ausgezogen und die Hemdärmel aufgestreift.

Als ein Mißhandelter nicht laut genug schrie, „bewilligte" man ihm nochmals fünfzig Schläge, „bis das Aas richtig schreien wird!"

Schreit ein Gemarterter zu laut, dann klopfen die im Nebenzimmer sitzenden Kriminalkommissare an die Wand, das heißt: „Stellt den Lautsprecher an, damit man das Schreien nicht auf der Straße hört!" Dann wird die Exekution unter Radiomusik fortgesetzt!!!

Inzwischen hören im Empfangszimmer die immer noch mit dem Gesicht gegen die Wand Stehenden das entsetzliche Schreien und das Klatschen der Peitschen. „Wie ich das gehört habe, da hatte ich schon vor Angst meine Hosen voll gemacht!", berichtete mir ein „Gleichgeschalteter". Dabei lächelte er im Galgenhumor vor sich hin. Oft wird die Exekution plötzlich unterbrochen, weil der Unglückliche unter den entsetzlichen Schmerzen ohnmächtig geworden ist. Aber auch für diesen Fall haben die entmenschten Bestien vorgesorgt: Ein Eimer voll Wasser wird dem Ohnmächtigen über den Kopf gegossen, der wieder zur Besinnung kommt und weiter durchgepeitscht wird, bis man ihm die zudiktierte Anzahl von 50 bis 150 Schlägen mit Ochsenpeitschen und Stahlruten verabfolgt hat. Dann wird der Unglückliche ins Vorzimmer hinausgetragen, wo die Andern unbeweglich und bleich auf ihre „Gleichschaltung" warten…

Gewöhnlich fragen diese braunen Sadisten den Mißhandelten, der vor Schmerzen nicht sitzen und nicht stehen, nicht liegen und nicht gehen kann: ob er etwa geschlagen worden sei?... Antwortet der soeben Misshandelte mit „ja", dann wird er sofort wieder „gleichgeschaltet". Antwortet er mit „nein", dann lobt man ihn ironisch: „Siehst Du wohl, bei uns hast Du schon was gelernt!"[*]

Wie allgemein bekannt dieses „Gleichschalten" sogar unter den Polizeibeamten und allen behördlichen Stellen ist, konnte ich selbst im Amtszimmer des Breslauer Polizeipräsidiums erfahren. Dort begrüßte ein höherer Beamter seinen eintretenden Kollegen mit den

---

[*] Von Zeit zu Zeit gestattete die Hitler-Regierung ausländischen Pressevertretern, die Schutzhäftlinge zu besuchen und zu sprechen, „um jedermann Gelegenheit zu geben, sich von der guten Behandlung der Schutzhäftlinge selbst zu überzeugen!" Die Regierung hatte in der Tat nichts zu befürchten, denn ein nach allen Regeln der Kunst „Gleichgeschalteter" wird – aus Angst vor nochmaliger Prozedur – niemals sagen, daß er mißhandelt wurde.

scherzhaften Worten: „Du müßtest auch mal ‚gleichgeschaltet' werden, damit Du Deinen dicken Bauch verlierst!"

Daß selbst der Polizeipräsident Heines diese Art der „Gleichschaltung" kennt, geht aus der Tatsache hervor, daß Heines eines Tages einige prominente „Gleichgeschaltete" nach der Exekution besuchte. Dabei entwickelte sich folgendes Gespräch:

X.: „Warum werden wir so gequält?"

Heines (freundlich lächelnd): „Was würdet Ihr mit uns gemacht haben, wenn *Ihr* die Macht hättet?"

X.: „Wir hätten Euch nicht so gequält".

Heines zieht verlegen die Schultern hoch.

X.: „Erschießt uns doch oder hängt uns auf! — Aber martert uns nicht!"

Heines geht freundlich lächelnd von seinen Opfern.

Aber vor Gericht – später – werden Kriminalkommissare als Zeugen auftreten und bekunden, daß sie nicht geprügelt haben. O nein! Sie waren ja bei der Gleichschaltung nicht persönlich zugegen, sie haben ja nichts gesehen!

Das nennt man „Schutz"haft in Hitler-Deutschland.

Heines — erschossen!

Am 30. Juni 1934 wurde der »verdienstvolle« Polizei-präsident von Breslau von seinen »treuen Kameraden« erschossen, nachdem sie ihn vorher — nach seiner eigenen Methode — »gleichgeschaltet« hatten.

Ein Mörder wurde ermordet!

Der Mann, der Hunderte und Tausende hilfloser »Schutz« häftlinge gemartert hat,... er ist auf Befehl seines Freundes und Führers Adolf Hitler erschossen worden.
Nibelungentreue!

Heines mußte, an Händen und Füßen gefesselt, ins Braune Haus in München getragen werden. Seine Freunde hatten ihn zusammengeschlagen, so wie er seine Opfer zusammen-geschlagen hat!

Er wurde ermordet — so wie er andere ermordet hat.
Er wurde im Sande verscharrt, so wie er den Arbeiter Schmidt im Walde verscharrt hat.

Gottes Mühlen mahlen weiter...
immer weiter...

Nach meinem „Gastspiel" in Breslau wurde ich wieder nach Berlin zurücktransportiert, wieder im „Einzeltransport".

Unterwegs, eine kleine heitere Episode:

Mein Transporteur, ein Kriminalbeamter aus der „guten alten Zeit", war sichtlich überarbeitet. Wir saßen in einem Coupé.

Der Krimi mir gegenüber.

Ich versuchte, ein Gespräch mit ihm anzuknüpfen.

Das Band vom eisernen Kreuz, das sein Knopfloch schmückte, (diese Dinger kamen jetzt wieder sehr in Mode) lockte mich zu einer Unterhaltung über den Krieg.

Aber der Krimi wollte nicht so recht.

Endlich stellte er mir die stereotype Frage: „Haben Sie den Krieg mitgemacht?"

Als ich verneinte und ihm erklären wollte, daß oft mehr Mut zu einem: „Ich will nicht" gehört, da brach er kurz ab. Pazifismus führe zur Verweichlichung des deutschen Volkes — Pazifisten seien Feiglinge…

Ich versuchte, ihn vom Gegenteil zu überzeugen.

Aber das Gespräch wollte nicht so recht in Fluß kommen, der Mann schien zu übermüdet. Er gähnte fortwährend.

Wir fuhren schon einige Stunden.

Der Krimi gähnte und machte ganz kleine Augen.

„Schlafen Sie doch ein bißchen", riet ich ihm.

„Um Gottes willen — nein — das darf ich nicht!"

„Ich entspringe Ihnen bestimmt nicht, mein Wort! – Schlafen Sie ruhig".

Aber der Krimi riß seine kleinen Augen weit auf, um mir zu zeigen, daß er „absolut nicht müde" sei; — sprach dann aber von seinem anstrengenden Dienst, die letzte Nacht habe er nicht geschlafen – es sei überhaupt nicht mehr schön!!!

Seine geröteten Augen wurden immer kleiner.

Ich wollte ihn durchaus zum Einschlafen bringen.

Deshalb stellte ich mich selbst schlafend: ich gähnte, schloß die Augen und ließ meinen Kopf im Rhythmus des schwankenden Zuges hin und her baumeln.

Das wirkte! Mein vis-à-vis gähnte einmal, gähnte noch einmal, machte vorübergehend seine müden Augen zu … öffnete sie wieder mit letzter Kraft … sah, daß ich selbst schlief und … schnarchte bald.

Ich sah wieder auf.

Draußen flitzten die Telegraphenstangen vorüber. Felder und Wälder huschten vorbei wie Bilder aus „1000 und einer Nacht".

Mehrmals hielt der Zug.

Mein „Beobachter" schlief fest und unerschütterlich.

Ich hätte völlig ungeniert an irgendeiner Station aussteigen und verschwinden können.

Ich kannte mich hier in dieser Gegend sehr gut aus. Niemand würde auf mich aufmerksam werden, wenn ich im Gewühl der aus dem Zuge Steigenden verschwinden würde.

Es lockte mich, ein genaues Bild meiner Flucht zu entwerfen.

Aber je leichter mir diese Flucht erschien — der Krimi schnarchte und schnarchte — um so weniger dachte ich ernsthaft an eine Ausführung meiner verlockenden Pläne.

Es genügte mir das schöne Bewußtsein: ich bin *jetzt* frei — ich könnte jetzt aussteigen, könnte gehen, wohin es mir beliebt — niemand würde mich hindern. Im Gegenteil: mit meinem lahmen Bein und meinem Krückstock würde man mich sicherlich für einen Kriegsbeschädigten halten. Man würde mir behilflich sein, ein Auto zu bekommen. Die polnische Grenze war ja nur etwa 50 – 60 km entfernt.

In einer Stunde wäre ich in Sicherheit.

In einer Stunde!

Der Gedanke an Freiheit war zu verlockend.

Mein vis-à-vis lag in tiefem Schlaf.

Sein Kopf hing auf der Brust und pendelte hin und her.

An seiner Nasenspitze zitterte, im Rhythmus des ratternden Zuges, ein Tautropfen.

Wie eine kleine silberne Kugel am Christbaum baumelte das Ding...

Der Kerl könnte sich sehen lassen …

Aber nicht als Krimi.

Jedesmal, wenn der Zug quietschend bremste, fiel sein Kopf vornüber. Der Zug hielt, die Türen nebenan schlugen krachend zu. Die Zugbegleiter riefen laut die Stationen aus — die schrillen Trillerpfeifen zerfetzten die Luft — mein „Wächter" schnarchte seelenruhig weiter.

Er bekam die Augen nicht mehr auf …

Indessen sah ich träumend durchs Coupéfenster in die Freiheit, die jetzt meine wäre — wenn ich nur wollte.

Aber ich will nicht!

Kurz vor Berlin erwachte plötzlich der Krimi.

Entsetzt starrte er auf seinen Platz gegenüber. Gott sei Dank! — Ich saß noch ruhig auf meinem Platz.

Es war ihm sichtlich peinlich, eingeschlafen zu sein. Und dazu noch so lange.

Er sah nach der Uhr.

Bei Gott — er hatte drei volle Stunden geschlafen.

Er, der alte Soldat, der so viele Schlachten mitgemacht hatte, er, der niemals seine Pflichten vernachlässigte, der nie „schlapp gemacht" hatte — er, seiner Majestät getreuester Musketier — — — bei den „Zehnern" hatte er gedient, in Schweidnitz.

Jawohl, in Schweidnitz lagen damals die „Zehner".

Um Himmels-Gottes-Willen. Er, der 12 Jahre bei den „Zehnern" gediente hatte, *treu* gedient!

Dann 4 Jahre im Felde, jetzt 6 Jahre Kriminalbeamter — und nie etwas vorgekommen! Nie!!

Und nun *so* etwas!

Eine Schande!

Bei Gott — eine Schande!

Er, gerade er war unter seinen Kollegen ausersehen worden, einen berüchtigten Pazifisten nach Berlin zu transportieren.

Dabei war er, der alte Frontsoldat, eingeschlafen.

Nicht auszudenken!

Ich gab ihm den Rest: "Sie hätten ruhig *weiterschlafen* können."

„? ? ? ?"

„Ich habe Sie bewacht!"

Auch das noch!

Der alte Krieger — von einem Pazifisten bewacht!

Er soll einen Pazifisten bewachen und dieser Pazifist bewacht ihn!

Auch das noch!!

„Übrigens" — beruhigte ich ihn — „brauchen sie sich keine Sorgen machen, ich wäre Ihnen *niemals* ausgerückt. Ich denke nicht an Flucht. *Ich will ordnungsmäßig entlassen werden!"*
Nach einer Weile fügte ich hinzu: „Und dann sind Sie Familienvater — ich hätte Sie um Ihr Brot gebracht. Vielleicht wären Sie ins Zuchthaus gekommen oder gar in „Schutz"haft. Das ist nämlich viel schlimmer als Zuchthaus, glauben Sie mir. Ein Zuchthäusler sitzt seinen „Knast" ab — dann läßt man ihn wieder in Freiheit. Aber wir „Schutz"haftgefangene wissen nie, *wann* wir und ob wir überhaupt jemals die Freiheit wiedersehen."

—————————————————————————————

„Einem Zuchthäusler demoliert man auch nicht sein Familienheim, wie sie es bei mir gemacht haben …"

—————————————————————————————

„Ein Zuchthäusler hat während der Untersuchungshaft alle 10 Tage Sprecherlaubnis – wir "Schutz"häftlinge nur alle 30 Tage und dann auch nur 15 Minuten in Gegenwart eines Beamten."

—————————————————————————————

„Ein Zuchthäusler wird auch nicht ‚gleichgeschaltet' … Sie wissen ja, *wie* das in Breslau gemacht wird?!"

—————————————————————————————

Ein Zuchthäusler …
Der Krimi konnte mich nicht weiter anhören. Er war ganz kleinlaut, als er sagte: „Ja, wenn die Menschen alle Engel wären …" „Alle sind wir Menschen mit guten und schlechten Eigenschaften", entgegnete ich, „es ist niemand ‚besser' als der andere. Nur betrachten die meisten Menschen einander durch die Parteibrille. Viele haben Scheuklappen um, wie die Pferde. Wenn erst einmal diese Scheuklappen abgenommen sind, dann sehen sie, daß auch nebenan noch *Menschen* sind, genau so gut und so schlecht wie ich und Sie."

Der Zug fuhr quietschend in den Berliner Bahnhof: „Friedrichstraße". Plötzlich faßte der Krimi ganz unerwartet meine Hand: „Übrigens, was ich da zu Ihnen sagte, von wegen daß die Pazifisten Feiglinge sind, das war nicht so gemeint …".
„Ich weiß schon" — erwiderte ich.

Wir gingen langsam zur Bahnhofshalle hinaus. Der Krimi wollte ein Auto rufen, „dann geht's schneller".
„Das ist es gerade, was ich *nicht* will: Bitte, lassen Sie uns mit der Untergrundbahn bis "Stettiner Bahnhof" fahren und dann das Stückchen zu Fuß gehen."
„Ja — wird das nicht zu anstrengend für Ihr Bein, so weit zu laufen?"
„Sie können sich das unmöglich vorstellen, was es heißt: nun schon sechs Monate in Einzelhaft — unschuldig! Und wie lange werde ich noch eingesperrt sein? Noch mal sechs Monate? Noch länger? Werde ich in wieder sechs Monaten tot sein — „auf der Flucht erschossen?"
Der Krimi wollte einlenken.
Ich blieb mitten auf dem Straßendamm stehen.
„Sehen Sie, es geht nicht mehr!", meinte er gütig und wollte mich unterfassen.
„Lassen Sie nur", wehrte ich dankbar ab, „das fällt zu sehr auf. — Ich bleibe ja nur einen Augenblick stehen, weil das alles zu *schön* ist. Die Freiheit! Das Leben!! Wie die Leute hier

so eilig daran vorüberhasten. Ach Kinder! Kommt nur mal in „Schutz"haft, da lernt ihr „Zeit haben". Da lernt ihr Freiheit und Leben schätzen."

Wir saßen in der Stadtbahn. Es war dieselbe Strecke, die ich so oft gefahren bin, früher, als ich noch *selbst* meine Fahrkarte am Billettschalter lösen durfte.
Heute fuhr ich auf Staatskosten.
Wenn doch die Fahrt *ewig* dauern möchte! — Die vielen elektrischen Birnen an der Decke. In jeder Glasglocke sechs Stück. Sechs Glocken …, das macht: 6 x 6 = 36 Lampen. Dann die an der Seite, das sind 2, 4, 6 …
Als ich alle Birnen gezählt hatte, rechnete ich aus, wieviel von diesen schönen, vernickelten Schrauben an den Sitzplätzen sind. In jeder Reihe sind 1, 2, 3 …

„Wir müssen aussteigen", mahnte leise der Krimi.
Verdammt — ging das schnell!
Ich werde noch früh genug in die Hölle zurückkommen.

Ich blieb auf der Straße oft stehen. Atmete tief die Stadtluft, die mir so süß die Lungen durchströmte, als sei sie mit duftenden Kräutern gewürzt …
Herrschaften, die Freiheit! Die Freiheit!! —
Die Menschen wissen ja gar nicht, was …
„Sind Sie nicht Ernst Friedrich?" sprach mich eine Frau zögernd an.
„Ich denke — kennen Sie mich?"
„Also sind Sie es *doch*, sind Sie es *doch!!*"
Sie drückte mir so herzlich die Hand, daß ich merklich das Gleichgewicht verlor. Dann sprudelte sie los: „Ich bin Ihnen schon eine ganze Weile nachgelaufen. Ich dachte: ist das nun Ernst Friedrich oder ist er's nicht? Sie sahen ja früher ganz anders aus. Gott — wie oft hörte ich Sie bei Ihren Vorträgen. — Mich werden Sie ja nicht kennen — macht ja nichts — darf ich Sie ein Stückchen begleiten? — Gott, wissen Sie, es hieß doch überall — Sie seien in Schutzhaft — und dann hieß es wieder, man habe Ihnen das Bein abgenommen!" Sie sah auf mein Bein. „Also hat man Sie *doch* mißhandelt." Jetzt sprach sie ruhiger.
Aber bald schnellte sie wieder los: „Wissen Sie, — Sie müssen mich nicht für aufdringlich halten. Ich bin eine ältere Frau. Ich weiß ja, was sich gehört. Aber — du lieber Gott — wenn man so plötzlich einen lieben Menschen trifft — so mitten in der Stadt — von dem man hörte, er sei in Schutzhaft, und plötzlich steht er vor einem — da freut man sich doch …"
Sie faßte wieder meine Hand.
„Und Sie sind jetzt frei? — Wie mich das freut!" Zu meinem aufhorchenden Begleiter sagte sie: „Ach, entschuldigen Sie, bitte, ich hab' mich Ihnen in der Aufregung noch gar nicht vorgestellt, mein Name ist …"
„Das ist ein Kriminalbeamter," unterbrach ich sie, „Name und Stand tut hier nichts zur Sache!"
Die Frau glaubte, ich scherze.
„Nein! Nein!! — Ernst Friedrich, Sie sind doch *frei*!!!"
„Es ist so: in fünf Minuten bin ich wieder in meiner alten Zelle. Ich komme aus Breslau, vom Transport. Dieser Herr ist mein Begleiter, ein Kriminalbeamter. — Und dort, das rote Gebäude, da hinein werden Sie mich gleich verschwinden sehen, das ist meine ‚Heimat', die Lazarettabteilung des Moabiter Gefängnisses."

„Nein! Nein!!" sagte sie wieder, aber ihre zitternde Stimme zerbrach mit ihrer Hoffnung.

„Nein!" weinte sie und wollte es einfach nicht wahrhaben.

Sie drehte sich schnell um.

„Nein! Nein!!" hörte ich sie noch einmal.

Dann eilte sie davon.

Ich verschwand hinter dem eisernen Tor.

Entsetzlich, diese neue Eingewöhnung.

Meine alte Zelle schien mir schon so vertraut: die Wände, der Fußboden, die Decke — alles schon so „heimatlich" … Da war mir jeder noch so feine Kratzer an den Wänden bekannt. An der linken Seite vom Heizungsrohr war die Farbe etwas abgekratzt. Gleich über der Tür zeigte sich ein ziemlich großer Sprung im Putz der Mauer. Der Lokusdeckel quietschte beim Öffnen.

Das war eben „meine" Zelle, die ich genau kannte.

Zu den vielen kleinen, aber nervenkitzelnden Schikanen der „Schutz"haft gehörte das ewige „Verlegen" in eine andere Zelle, in eine andere Abteilung, zu anderen Wachtmeistern.

Alles fing dann gewissermaßen wieder von vorne an.

Die Eingewöhnung in die neue Zelle.

Ist der neue Wachtmeister auch so anständig wie der alte?

Da dachte man gerade: Jetzt *mußt* du ja bald entlassen werden, so viele vor dir sind schon seit Wochen und Monaten frei — jetzt bist *du* ja bald dran! Täglich, stündlich, kann deine Freilassung erfolgen. Du sitzt ja schon so lange.

Man horcht — das Ohr an die Zellentür gedrückt — auf die Schritte draußen im Korridor.

Man kennt jede Stimme.

Das ist der Rechtsanwalt X., der kommt sicher zu dem Gefangenen auf Zelle 48. — Richtig! —

Das ist des Pfarrers Stimme, der geht zu dem Schwerkranken auf Zelle 26.

Dann poltern schwere Stiefel die Treppe herauf; das ist der „Hausvater", der im Zimmer vom Stationswachtmeister verschwindet.

Jetzt klappern ganz hinten, am Ende des Korridors, die Schlüssel. Das Geklapper kommt näher und näher.

Dann rasselt der Schlüsselbund durcheinander: Der Wachtmeister sucht den passenden Zellenschlüssel.

Ratsch! — fährt der harte Stahl ins Schloß — nebenan!

Beinahe an meiner Tür, wo ich, den Atem anhaltend, aufhorche, ob man mir die Freiheit bringt.

Dieses Spiel mit den Nerven wiederholt sich alle Stunden — alle Tage — alle Wochen — alle Monate.

Das ist eben „Schutzhaft".

Schutzhaft kann einen Tag dauern, eine Woche, einen Monat, ein Jahr — viele Jahre …

Warte nur — wenn es deine Nerven aushalten.

Ein Falschmünzer, ein Zuchthäusler, teilte einige Wochen meine Zelle.

Es war gerade zur selben Zeit, als die nationalsozialistischen Zeitungen lange Protestartikel darüber veröffentlichten, daß man — in *Österreich*, in die Zellen der dort schutzhaftgefangenen *Nazis*, auch kriminelle Gefangene legte.

Um diese Zeit also legte man zu uns „Schutz"haftgefangenen Schwerverbrecher. Es war im übrigen „Hochsaison" im Dritten Reich. Alle Zellen vollgepfropft. Selbst die Krankenzellen unserer Lazarettabteilung waren zeitweilig so überfüllt, daß einige Kranke auf der Erde schlafen mußten. Sogar die Kirchen mancher Strafanstalten wurden mit Gefangenen belegt. Es war eben Hochsaison.

Zu solchen Zeiten, als *sämtliche* Gefängnisse, Zuchthäuser und „Schutz"haftlager so vollständig mit Menschen angefüllt waren, daß man meinen könnte, die Wände müßten auseinanderplatzen, zu solchen Zeiten erwachte in jedem „Schutz"häftling die Hoffnung auf baldige Entlassung.

Eines Tages rasselte der Schlüssel im Türschloß *meiner* Zelle. Der Wachtmeister rief: „Zieh'n Sie die Bettwäsche ab, machen Sie sich fertig!"

Das Glück war da!

Das große Glück!

Das war die Entlassung! — denn warum sonst die „Bettwäsche abziehen?"; die mußte beim Hausvater abgegeben werden, und der hat die Entlassungen unter sich.

Nach 30 Minuten schloß der Wachtmeister wieder auf: „Na, sind Sie fertig?" —

Und ob!!

„Sie kommen nach einer ander'n Zelle!"

Verdammt und verflucht!!

Jetzt die Nerven zusammenhalten. Und dieses muntere Nervenspiel des öfteren.

Immer wieder Hoffnung.

Immer wieder Enttäuschung.

„Wollen wir nicht tauschen?", fragte ich im Scherz eines Tages meinen zeitweiligen Zellengenossen, den Falschmünzer. „Du gibst mir deine drei Jahre Zuchthaus, und ich geb' dir meine ‚Schutzhaft'?" „Nee!", wehrte er sofort ab — „kommt gar nicht in Frage. *Ich* weiß wenigstens, *wenn* ich wieder raus komme. Aber Du? Du kannst heut' noch entlassen werden und kannst noch nächstes Jahr sitzen. Und wenn Du Glück hast, dann sitzt Du noch — wenn ich schon längst frei bin."

„Schutz"haft kommt eben *hinter'm* Zuchthaus.

Nun hat man mich wieder einmal in eine andere Zelle verlegt.

Ich merke, wie meine Nerven langsam zerrüttet werden.

Meine Haare verliere ich büschelweise.

Als ich dem Arzt bei der Visite mein unheimlich dickes Bein zeigte, sagte er oberflächlich: „Das macht nichts. *So* etwas kann manchmal *Jahre lang* dauern, bis es ganz gesund ist."

Jahre lang?

Was heißt das?

Heißt das, daß man mich jahrelang in diesem Zustand eingesperrt läßt?

Ich brauche dann doch jahrelange, ärztliche Betreuung.

Warum entläßt man mich nicht?

Was will man mit einem kranken Menschen in „Schutz"haft?

Und warum sagte man mir bis heute noch nicht, *warum* ich in „Schutz"haft bin?

Am Anfang meiner Einsperrung protestierte ich sofort; ich bat die zuständigen Behörden, mir zu sagen, *weshalb* man mich in „Schutz"haft steckte?

Keine Antwort.

Ich schickte eine Beschwerde nach der anderen.
Keine Antwort.

Am 50. Tage meiner Einsperrung schrieb ich abermals: heute, an meinem 50-tägigen „Jubiläum", dürfe ich wohl hoffen — so quasi als Jubiläumsgeschenk — zu erfahren, *warum* ich in „Schutz"haft bin? –
Keine Antwort.

Am 100. Tage erinnerte ich an mein erneutes „Jubiläum" und bat wieder um Mitteilung, weshalb ich eingesperrt bin.
Keine Antwort.

Am 150. Tage schrieb ich, daß ich, da ich keiner Partei angehöre und kein Jude sei, ich also annehmen müsse, daß man mich wegen meiner *Friedensgesinnung* in „Schutz"haft gesteckt habe. Dann allerdings bitte ich nicht um meine Entlassung. Dann möge man mich nur ruhig *lebenslänglich* in „Schutz"haft behalten.

So um diese Zeit herum besuchte mich ein höherer Staatsbeamter in meiner Zelle und verlangte, daß ich einen „Revers" unterschreiben solle mit der Erklärung, daß ich mich nach meiner Entlassung aus der „Schutz"haft nicht mehr politisch betätigen werde. Diese Erklärung hätten alle Anderen auch schon unterschrieben und seien daraufhin entlassen worden.
Ich weigerte mich, zu unterschreiben, denn ich hatte nicht Lust, diesen Peinigern gegenüber mein Ehrenwort zu verpfänden.
„Ich werde selbstverständlich wieder gegen Krieg und Kriegsgefahr tätig sein," erklärte ich offen, „in Ihren Zeitungen schreiben Sie so oft, daß Sie einen aufrichtigen Gegner zu schätzen wissen und mehr achten als die vielen Mitläufer. Also — ich erkläre Ihnen, was Sie sich ja gut selbst denken können, daß ich trotz der „Schutz"haft noch nicht „umgelernt" habe. Ich will Ihnen eine Erklärung zusenden, aber nicht so eine, die Sie mir vorschreiben, sondern so, wie ich es vor meinem Gewissen verantworten kann."
„Aber machen Sie es kurz. Sie dürfen nicht zu lang schreiben!", entgegnete gereizt der Staatsbeamte.

Ich schrieb, daß ich „mich auf Ehrenwort verpflichte, in Deutschland keine regierungsfeindliche Politik zu betreiben."[*]
Diesen Standpunkt begründete ich ausführlich.
Es war wohl doch zu lang und zu — ehrlich, was ich da schrieb. Politische Ehrlichkeit aber — noch dazu: wenn man Pazifist ist — gilt im Dritten Reich als das größte Verbrechen, auf dem eine entsprechende Strafe, nämlich die „Schutz"haft steht.
So blieb ich also weiter gefangen.

Am 200. Jubiläumstage (man hatte mir immer noch nicht zu sagen gewagt, *warum* ich in „Schutz"haft bin) — fragte ich schon gar nicht mehr nach dem Grund meiner Einsperrung. Es war mir ja vom ersten Tage an klar. Wirkliche Pazifisten gehören im kriegerischen Hitler-

---

[*] Es war für mich selbstverständlich, daß ich außerhalb Deutschlands wieder in altbekannter Weise für den Frieden — der am stärksten durch das Dritte Reich gefährdet ist — kämpfen würde.

Deutschland in „Schutz"haft. In meinem „besonders schweren Fall" — als Geisel. „Für alle Fälle."

Am 250. Tage machte ich kurz auf mein erneutes „Jubiläum" aufmerksam und sprach meine Überzeugung aus, daß „das Christuskreuz größer ist als das Hakenkreuz".
Meine „Jubiläumsbriefe" und meine ehrenwörtliche Erklärung liegen bei den Akten der Staatspolizei. Ich bilde mir nicht ein, daß sie meine Entlassung aus der barbarischen „Schutz"haft beschleunigt haben.
Statt dessen mußte ich immer mehr einsehen, daß man es auf meine völlige Zermürbung abgesehen hatte.
Darum ließ man mich auch stets im Ungewissen über mein Schicksal. Mancher gute Kamerad ist in dieser entsetzlichen Ungewißheit verzweifelt.
Eines Tages brachte man meinen Freund, den Rechtsanwalt Hans Litten, in die Lazarettabteilung. Er hatte sich die Pulsadern an beiden Händen durchschnitten.
Litten war vorher in Spandau in „Schutz"haft. Die unerhörten seelischen und körperlichen Folterungen konnte er nicht mehr ertragen. Jetzt lag mein Freund und Verteidiger unten, im Parterre, mit durchschnittenen Pulsadern.
Aber Medizinalrat Schlegel ist ein erstklassiger Chirurg und mehr noch: Nazi. Er weiß, was er Hitler schuldig ist.
Hans Litten hatte nicht das Recht, mit seinem Körper zu machen, was ihm beliebte. Sein Körper gehörte jetzt Medizinalrat Schlegel, der die zerschnittenen Pulsadern wieder zusammennähte und den geflickten Litten wieder der „Gestapo" (geheime Staatspolizei) auslieferte — zur weiteren Quälerei in „Schutz"haft.
Andere hatten mehr „Glück". Jede Woche trugen sie unten, über den Hof des Lazarettes, die Totenbahre.

Es war übrigens „streng verboten", sich *selbst* das Leben zu nehmen. Immer weniger „glückte" der Freitod. Die Gefängnisbehörden hielten jeden, der in Verdacht stand, „Selbstmordkandidat" zu sein, unter strengster Beobachtung.
Der „Betreffende" kam dann in die „Selbstmörderzelle", die auch nachts dem Verzweifelten die Ruhe nahm, denn die Zelle war Tag und Nacht erleuchtet.
Draußen, vor der Zellentür, saß auf erhöhtem Sitz ein Wächter und sah fortwährend durch ein kleines, rundes Guckloch in der Zellentür auf den Selbstmordkandidaten, bereit, sich sofort auf ihn zu stürzen, wenn er den leisesten Versuch einer Selbstentleibung wagen sollte.

Tage- und wochenlang wurden diese Verzweifelten *gefesselt*. Man schnallte ihnen einen breiten Riemen um den Leib, und an diesen wurden die Hände angeschlossen.
Immer neue Mittel und Methoden der Selbstentleibung wurden erfunden.
Mit einem *Kopierstift* in eine offene Wunde fahren, bedeutet mit Sicherheit eine „schöne Blutvergiftung".
Oft war freilich noch — unerwünschte — Rettung möglich, denn Schlegel war ja ein flinker Chirurg.
Nur einmal war er nicht flink genug: Ein Gefangener hatte sich hinten am Hals mit einem Kopierstift infiziert.
Als Schlegel kam, lächelte ihn der Todeskandidat überlegen an: „Diesmal kommen Sie *doch* zu spät!"

Blutvergiftung am Hals — da konnte selbst Schlegel nichts machen. In wenigen Stunden war der Gefangene tot.

Andere wollten sich nur verstümmeln, aber gleich so, daß sie „haftunfähig" wurden. Das war jedoch nur möglich bei völliger Erblindung. Mit einem Kopierstift ließ sich auch das — schmerzlos, wie man sagt — bewerkstelligen. Ein wenig mit dem Kopierstift in die feuchten Augenwinkel gefahren, und der Erfolg war sicher. Das Gift zerfraß den Augapfel.
Ich sah solche Erblindeten im Lazarett.

Ein junger Mensch hatte Sprecherlaubnis. Seine Braut besuchte ihn.

Als sie ihn nach vier Wochen wieder sprechen durfte, war sein Kopf dick verbunden. Blind!
An der Stelle, wo die Augen waren, sickerte es gelb und blau durch den dicken Verband.
Ihrem Liebsten waren die Augen ausgelaufen.

Diese Methode der freiwilligen Erblindung — um wenigstens auf diese Weise der Einsperrung zu entrinnen — griff so sehr um sich, daß es bald verboten wurde, *Kopierstifte den Gefangenen auszuhändigen.*

Der barbarische Strafvollzug im Dritten Reich zwingt politische und kriminelle Sträflinge zur grausamsten Selbstverstümmelung und Selbstentleibung.
Dabei war es noch nicht einmal absolut sicher, ob ein Verzweifelter, der sich verstümmelte, dann auch tatsächlich entlassen wurde.

Auf meinem Korridor lag ein *Schwerkriegsbeschädigter*, an beiden Beinen *vollständig gelähmt*. Granatsplitter hatten ihm die Kniegelenke zerfetzt.
Aus irgendwelchen Gründen kam er mit den Gesetzen in Konflikt. Es war erschütternd, zu sehen, wie der Kriegskrüppel *in seinem Rollstuhl* in der Zelle saß.
Beim Baden holte man den Unglücklichen mit samt seinem *Gefährt* aus der Zelle, schob ihn in den Fahrstuhl, und unten im Keller wurde das, was der Krieg von diesem Menschen noch übrig ließ, aus dem Wagen gehoben und in die Badewanne gelegt.

Der Hungerstreik

Trotzdem war es an dieser Stätte des Grauens immerhin noch besser als in der „Wanzenburg".
Als mir zu Ohren kam, daß ich wieder aus dem Lazarett abtransportiert werden sollte, obwohl mein Bein noch lange nicht gesund war, da beschloß ich, irgend etwas anzustellen, um mich „transportunfähig" zu machen. Eine gewisse Vorübung hatte ich ja schon als Hungerkünstler. Wenn es mir gelingt, mein Gewicht auf etwa 40 kg herabzuhungern, wenn ich es fertig bekomme, meinen Körper derart zu schwächen, daß ich tatsächlich nicht mehr gehen und stehen kann, dann müßte man mich hier im Lazarett behalten, oder aus der Haft entlassen.
Mein Plan schien nur eine Schwierigkeit zu haben: mein Zellengenosse. Es war ein Krimineller. Wenn er mich „verpfeift", dann würde meine Lage nur noch schlimmer werden.
Es durfte niemand etwas erfahren von meinem Hungerstreik.

Schließlich konnte ich doch nicht umhin, ihn in meine Absicht einzuweihen. Ich spekulierte dabei mit Recht auf seine Vorteile infolge meiner Nahrungsverweigerung.

Übrigens, wie sich bald herausstellte, ein ganz guter Mensch.

„Du bekommst dann immer mein Essen, bekommst mein Brot und alles, was es sonst gibt."

Das leuchtete ihm ein.

„Ich hab' ja auch schon manches Ding gedreht", gestand er, „soll ich Dir mal 'was zeigen?"

Dabei riß er sein Hemd auf und entblößte seinen Leib: ein großer Operationsschnitt, von der Brust bis unter den Nabel, wurde durch vier vernarbte und genähte Querschnitte gekreuzt. Die Narben waren noch stark gerötet, man sah ganz deutlich, wo die Fäden die Wunde zusammenzogen.

„Paß mal auf", sagte er, holte sein Handtuch, drehte es zu einem dicken Strick und schlug damit so lange auf die Narben, bis sie aufbrachen und Blut sickerte.

Von Entsetzen und Ekel gepackt, wandte ich mich ab.

Er aber lachte: „Ja, denkst du denn, ich gehe hier aus dem Lazarett so schnell wieder raus? Ich bin schon fünfmal operiert und jedesmal, wenn die Narben zugeheilt sind, dann hau' ich sie wieder auf. Dann können sie mich hier nicht wegschicken, und so mache ich es noch eine ganze Weile".

Entsetzlich! Ich werde nie den tierischen Ausdruck in seinem Gesicht vergessen, wie er die Zähne zusammenbiß und mit völlig verzerrtem Mund auf die Wunden seines Bauches einschlug.

„So — so — so", stieß er bei jedem Schlag zwischen die Zähne hindurch.

So — so — so!

Und schlug und schlug! Dann zog er gelassen sein Hemd über.

„Damit noch ein bißchen Dreck 'reinkommt, dann wird's noch besser".

Mir verging der Appetit!

Am folgenden Tag begann mein Hungerstreik.

Diesem Zellengenossen konnte ich ruhig vertrauen. Er wird mich nicht verpfeifen.

Im Gegenteil, er hatte einen so gesunden Appetit, daß er nie mit seiner Brotration auskam. Jetzt bekam er die doppelte Portion.

Da er auch mein Mittag- und Abendessen erhielt, hatte er sogar so viel Brot übrig, daß er durch Vermittlung des Kalfaktors ein flottes Tauschgeschäft: Brot gegen Zigarettenstummel eröffnete.

Mein Hungerstreik lag also, sozusagen, in seinem eigenen Geschäftsinteresse.

Das war die beste Garantie, daß er „dicht" hielt.

Die ersten Hungertage, das wußte ich ja aus Erfahrung, waren die schlimmsten.

Die erwarteten Kopfschmerzen stellten sich wieder ein. Ich mußte mich des öfteren hinlegen.

„Siehst du", sagte der Kriminelle, „ich hab's ja gesagt, Du hältst das nicht aus. Du hast ja ohnehin schon kein Fett am Leibe".

„Das macht, weil ich Vegetarier bin," lachte ich und hungerte weiter.

Am 10. Tage wurde ich wieder so frisch wie am ersten Tage der konsequenten Nahrungsverweigerung.

Jetzt fing mein Kumpel an, die Sache interessant zu finden.

„Mensch" — sagte er täglich auf's Neue, „wie Du das so aushalten kannst? Iß doch wenigstens ab und zu mal eine Scheibe Brot".

Vom 14. Tage an machte mein Körper schlapp.

Ich lag ständig im Bett.

Mein Gewicht sank rapide. Jede Woche war ein Wiegetag. Da wurde die Zellentür aufgeschlossen, die Gefangenen mußten heraustreten, um sich auf einen fahrbaren Wiegestuhl zu setzen, der auf dem Korridor vor jede Zellentür geschoben wurde.

Ich schwankte bedenklich, als ich nach zwei Wochen Hungerstreik vom Bett aufstand und im Hemd zur Waage taumelte.

„48 kg" — notierte der Pfleger.

„Ein Mann von 40 Jahren muß viel mehr wiegen", sagte er, „das Essen ist doch sehr gut bei uns!"

Ich lobte das Essen; es war ja tatsächlich sehr gut und reichlich und legte mich schnell wieder zu Bett, um nicht umzufallen.

Der 15. Tag.

Meinem Zellengenossen wurde „himmelangst".

Mehr als einmal am Tage versuchte er, mich zum Essen zu verleiten. „Mensch, mir wird ja unheimlich, wenn ich dich so liegen seh' ".

Der 16. Tag.

Der Pfleger kam, wie alle Morgen, zum Fieber messen. Er suchte an meiner Hand den Puls und fand ihn nicht.

„Nanu, wo haben Sie denn Ihren Puls?" — Endlich. Aber er schlug so schwach und langsam, daß der Pfleger bedenklich den Kopf schüttelte.

„Fehlt Ihnen etwas?", fragte er teilnahmsvoll.

Aber ich versicherte ihm, daß ich mich absolut wohl fühle.

Der 17. Tag.

Tatsächlich fühlte ich mich in meinem apathischen Zustand sehr wohl. Nur meinem Zellengenossen wurde immer unheimlicher.

„Mensch, du siehst ja aus! Wie ein Chinese, so gelb! Du mußt jetzt was essen, sonst sag' ich's. Ich kann das nicht mehr mit ansehen".

„Du wirst mich nicht verraten", bat ich.

Meine Stimme wurde schwach und so sonderbar heiser.

Der 18. Tag.

Sonntag. Draußen muß irgendein nationalsozialistischer Feiertag sein. Es gab ein vorzügliches Mittagessen.

„Mensch, das mußt du essen! Sieh' mal!" Der Kumpel hielt mir die herrlich duftende Speise direkt unter die Nase.

Ich wehrte mit einer Kopfbewegung ab.

„Koste doch wenigstens mal!", lockte er wieder, dabei aß er selbst, um mich zu verleiten.

„Willst du mir einen Gefallen tun?", fragte ich ihn.

Er sprang sofort an mein Bett.

„Gern", sagte er — „willst Du endlich essen?"

„Nein — das nicht — aber setz' dich bitte ganz dicht an mein Bett … so … und jetzt iß so, daß ich Dir zusehen kann".

Der Kumpel gab nach einigem Sträuben nach und setzte sich mit seinem Schemel so dicht an mein Bett, daß ich jeden Löffel, den er in seinen Mund schob, genau verfolgen konnte.

Ich sah, wie er die Zähne auseinandermachte, wie er die Zunge herunterdrückte und mit den Lippen die Speise vom Löffel wischte … sah, wie er kaute, wie die Speise durch seine Kehle rutschte …

Der 19. Tag.

Mein Kumpel wollte heut' durchaus Anzeige machen.

Er könne nicht mehr mit ansehen, wie ich mich so abquäle.

„Ich quäle mich? Kommt gar nicht in Frage! Willst du mal sehen, daß ich noch laufen kann?"

Ich riß meine Knochen zusammen und wollte aufspringen. Aber als ich auf dem Bettrand saß, war mir doch recht schwindlig.

Das lange Liegen im Bett schwächt verdammt.

Aber dann stand ich kerzengerade!

Was mir an Kraft fehlte, ersetzte mein Wille: ich schlich behutsam am Bett entlang … bis zur Zellentür.

„Na?", lachte ich — „geht's oder geht's nicht? — Ich tanz' Dir sogar noch 'was vor."

Ich summte im Walzertakt mein „La Paloma" und tanzte im Hemd.

Es ging ganz gut.

Mein Kumpel staunte.

Am Abend, als er auch zu Bett lag, sang ich ihm sogar ein Lied vor.

Der 20. Tag.

Die Beinmuskeln hingen mir weich und schlaff — wie nasse Lappen — an den Knochen.

Ich hatte schon lange kein Hungergefühl und was noch besser war: *keine Gedanken mehr!*

Ich schlief sehr viel, auch am Tage.

Wenn ich die Augen aufschlug, sah ich immer nur zur Decke. Wenn ich die Augen schloß, fiel ich sofort in eine Art Dämmerzustand. Ich konnte kaum noch sprechen.

Mein Kumpel langweilte sich.

„Mensch, jetzt kann man sich ja gar nichts mehr mit Dir erzählen", sagte er.

Am Tage wurde für einige Stunden das große Fenster geöffnet. Dann blickte mein Kumpel in den Hof hinunter und erzählte mir, was er sah.

„Drüben steht wieder das Brett an der Wand!"

Es war das große Waschbrett aus der Leichenhalle.

Jetzt stand es naß im Hof und sollte abtrocknen. Ein sicheres Zeichen dafür, daß wieder einer „Schluß" gemacht hatte.

„Dich werden sie auch bald holen", scherzte mein Kumpel.

Er ahnte nicht, daß ich schon längst damit rechnete.

Ich sehnte meinen Tod herbei.

Ich hoffte, daß die wenigen Pulsschläge auch bald aufhören möchten.

Das kann mal ganz schnell über Nacht kommen.

Der Tod käme als ein Erlöser zu mir.

Jetzt liege ich schon fast sieben Monate lebendig begraben!

Unter mir liegt mein Freund Litten mit zerschnittenen und wieder zusammengenähten Pulsadern.

Über mir lagen kürzlich zwei „Schutz"haftgefangene, die am ganzen Körper so entsetzlich durch Peitschenhiebe zerschlagen waren, daß ihnen das Fleisch buchstäblich in Fetzen vom Leibe hing und der Arzt nicht mehr wußte, wie er die Fleischfetzen wieder zusammennähen könne. Einer schrie Tage und Nächte lang.

Dann starb er unter entsetzlichen Schmerzen.

Der Tod ist oft eine Erlösung, eine Wohltat …

Der 21. Tag.

Mein Kumpel will sich in eine andere Zelle verlegen lassen.

„Ich kann das jetzt wirklich nicht länger mit ansehen", sagte er.

Da rasselte der Schlüssel im Schloß.

„Friedrich, komm'n Sie zum Wiegen", rief der Wachtmeister.

Das war leichter gesagt, als getan.

„Faßt ihn mal zwei Mann an und setzt ihn auf die Waage", befahl er den beiden Gefangenen, die soeben die Waage vor meine Zellentür geschoben hatten.

Die Beiden rückten mein Bett von der Wand, legten die Bettdecke beiseite und wollten mich gleichzeitig unterfassen.

„Den nehme ich ganz alleine", sagte der Eine und hob mich wie ein leichtes Paket auf seine Arme.

„44 kg", notierte der Pfleger. „Sie werden ja immer weniger."

Warum wurde ich schon *heute* gewogen? Es ist doch erst übermorgen der Wiegetag.

Wieder rasselte der Schlüssel.

Der Friseur kam, ein Gefangener, der Friseurdienste verrichtete.

Er war stets über alles, was im Gefängnis vorging, sehr gut informiert, denn er stand auf gutem Fuße mit den Wachtmeistern und vor allem mit dem Hausvater. Er kam, um mir die Haare zu schneiden.

„Mensch, wir können Dich doch nicht so laufen lassen", sagte er.

„Was heißt das?"

„Na, Du kommst doch morgen 'raus, weißte das noch nicht?"

„Du machst schlechte Scherze".

„Na, deswegen bist Du doch *heut'* schon gewogen worden, und darum soll ich Dir doch jetzt die Haare schneiden, sonst kennt Dich Deine Olle nich' mehr wieder".

Mein Kumpel schien sich mehr zu freuen als ich: „Mensch! — Du wirst entlassen!! Ich hab's ja immer gesagt, sie können Dich doch nicht *ewig* in Schutzhaft behalten. Überhaupt, wo Du doch gar nichts verbrochen hast".

Er lief ganz aufgeregt die Zelle auf und ab.

Dann trat er wieder an mein Bett: „Mensch! — Ernste!! — Entlassen!!! Junge, jetzt möcht' ich in Deiner Haut stecken. Woll'n wir *jetzt* tauschen?

Aber jetzt verzichte *ich.*

Es war ja auch eine entsetzlich lange Zeit.

Mein Gott! Wie werden sich meine Kinder freuen! Ob sie es wissen, daß sie morgen ihren Papa wiedersehen werden?

Hat man meine Angehörigen benachrichtigt?

Wird man mich abholen?

„Na, jetzt mach' Dir man keene Sorgen mehr. Morgen früh um 10 Uhr sagst Du zu uns anständig Adjö. Und was Du zu vererben hast, das läßte hier. Streichhölzer, wenn Du hast. Was kannst Du uns sonst noch vermachen? Hast Du Briefmarken? Schreibpapier?"

Der Friseur gab sich alle erdenkliche Mühe.

„Soll ich Dir hier um die Ohren herum noch mehr wegschneiden? Kiek mal in'n Spiegel".

Ich sah mich jetzt das erste Mal — seit Monaten — im Spiegel …

Die Backen waren mächtig eingefallen, die Haut gelb. Unter den Augen hatte ich große, schwarze Ringe.

„Also mach's gut, wenn wir uns morgen früh nicht mehr sehen sollten", sagte der Friseur und verabschiedete sich.

Mein Zellengenosse umarmte mich vor Freude: „Mensch! Hast Du ein Glück!"

Er freute sich ganz ehrlich.

„Hier", sagte er und holte aus seinem Spind ein Stück Brot. „Jetzt wirst Du gleich mal das Brot hier aufessen, sofort, sonst kannst Du ja nicht mal nach Hause laufen und mußt schließlich noch hier bleiben, weil Du zu schlapp bist".

Das leuchtete mir ein.

„Willst Du mal sehen, was ich vertilgen kann?"

„Na los — das möcht' ich mal sehen!"

„Dann leg' mal alles, was Du zu essen da hast, hier auf meinen Nachttisch".

Der Kumpel packte allerhand schöne Sachen hin: ein ganzes Brot — zwei Stück Käseecken — eine halbe Tafel Schokolade — einen Apfel — in seiner Eßschüssel war dicker Reis vom Mittagessen übrig.

Zuerst aß ich gierig die beiden Käseecken.

Mein Magen wird sich wundern, was da so plötzlich von oben herunterkommt.

Mag er sich wundern. Er hat ja so viele Tage gar nichts bekommen, jetzt soll er alles haben.

So feierte ich Abschied von meinem Kumpel, Abschied von meiner Zelle, von meiner „Schutz"haft.

Rechte Freude war es allerdings nicht.

Wohin soll ich gehen nach meiner Entlassung?

Meine Wohnung ist demoliert.

Mein Museum zerstört.

Ich habe kein eigenes Bett mehr, geschweige denn etwas Geld.

Wovon werde ich leben?

Na — jetzt erst mal ordentlich gegessen.

Den beiden Käsestückchen folgt das Brot …

Zum Glück habe ich ja noch mein Motorboot im Hafen einer Werft versteckt. Das *Letzte*, was noch mein Eigentum ist. Wenn ich jetzt entlassen werde, dann habe ich doch wenigstens diesen Kasten als letzte Zufluchtsstätte. Es wird meine zukünftige Wohnung werden.

Ob ich jetzt vom Reis esse oder den Apfel vertilge?

Eigentlich bin ich schon satt … und müde … so sehr müde …

„Mensch, Du scheinst Dich ja nicht allzu sehr auf Deine Freilassung zu freuen?", beschwerte sich mein Kumpel.

„Doch — aber, ich glaube, ich habe zu viel gegessen … und alles durcheinander. Ich habe Magendrücken. Der Käse verträgt sich nicht mit der Schokolade".

Am Abend wurde ich munterer.

Da ich ja ohnehin morgen entlassen werde, bestand keine Gefahr mehr für mein Geheimnis mit dem Schiff. Zwar sagte ich meinem Kumpel vorsichtshalber nicht, *wo* ich es versteckt hielt, aber daß ich „so einen Kasten hatte", das wollte ich ihm denn doch noch verraten, um mit ihm darüber zu plaudern.

Der Zuchthäusler war vom Fach. Er hatte nicht nur bei der Marine als Maschinist gedient, er war auch von Beruf Motorschlosser. So erzählte ich von meinem „PAX VOBISCUM", von meinen jahrelangen Ausbesserungen am Schiff, von den Umbauten im Maschinenraum, von dem Rohölmotor, den ich mir erst kurz vor der Machtergreifung Hitlers eingebaut hatte.

Der Kumpel hörte gespannt zu.

Ich redete mich immer mehr in ein Gefühl absoluter Freiheit hinein. Es war mir, als ob ich jetzt schon im Bett auf meinem Schiff liege und mir mit einem Bordgast etwas erzähle.

„Du mußt wissen", sagte ich und sah dabei unverwandt nach der Decke, um meiner Fantasie freies Spiel zu lassen, „Du mußt wissen, daß ich auf dem Schiff nicht etwa in einer Hängematte schlief".

„Was Du nicht sagst".

Wo denkst Du hin, da war so viel Platz, daß sechs Personen ganz bequeme, feste Schlafplätze hatten".

Der Schlüssel rasselte plötzlich im Schloß: „Sie dürfen sich aber nicht so laut erzählen", sagte freundlich der Pfleger, „die andern nebenan wollen ja auch schlafen".

Es war also schon sehr spät?

Dem Glücklichen, der von seinem Schiff, von seiner Freiheit erzählt, schlägt keine Stunde.

Wir wollen jetzt aber auch ruhig sein und schlafen", schlug ich vor.

„Nee, wir können uns ja leise weiter erzählen", protestierte mein Kumpel, „wo Du doch die letzte Nacht hier bist".

„Es hat keinen Zweck, laß uns schlafen".

„Gut", gab er nach, „aber dann mußt Du mir noch einmal ,La Paloma' vorsingen, ganz leise".

— „Zum Abschied", bat er herzlich, als ich durchaus nicht wollte.

Ich begann.

„Warte noch einen Augenblick", sagte er, „ich will mich erst richtig hinlegen. Einen kleinen Augenblick noch — so — jetzt noch die Decke umschlagen — so, jetzt kannst Du anfangen. Bitte …".

Ich sang mit leiser stimme die erste Strophe.

„Schläfst du schon", rief ich zum Bett hinüber.

„Ach wo", kam es traurig zurück, „sing nur weiter".

Der Kumpel drehte sich mit dem Gesicht zur Wand.

Ich sang — noch leiser — den zweiten Vers.

„Schläfst Du jetzt?", rief ich wieder hinüber.

Keine Antwort.

Ich hatte den alten Zuchthäusler in den Schlaf gesungen …

Ich aber konnte lange die Augen nicht schließen.

Es war alles so sonderbar.

So schön.

Wie ein Märchen.

Wahrhaftig: wie ein Märchen war das alles.

Meine schwere Erkrankung, die in den meisten Fällen zum Tode führt — ich überstand sie!

Die lange „Schutz"haft, die mich nicht zermürben konnte — morgen ist alles glücklich vorüber!

Morgen komme ich 'raus! Morgen ist alles überstanden.

Morgen … Morgen …!

Oder ob am Ende alles nur ein Traum ist?

Ich setze mich im Bett auf.

Mein Kumpel schläft.

Dort auf dem Nachttisch steht noch die Schüssel mit einem kleinen Rest Reis.

Dort ist die Tür, durch die ich morgen in die Freiheit gehen werde.

Ich habe nicht geträumt.

Ich werde morgen entlassen, daran ist kein Zweifel.

Ich sollte etwas aufstehen und hin und her laufen, um zu üben, für morgen.

Ach was, ich werde natürlich ein Auto nehmen bis — ja bis wohin?

Ich hab' ja kein Zuhause mehr …

Also fahr' ich mit dem Auto bis zu meinem Schiff. Bis zum „PAX VOBISCUM".

Lange konnte ich nicht sitzen bleiben.

Ich war doch sehr schlapp.

Aber ich konnte nicht einschlafen. Der Gedanke an Morgen, an die Freiheit, war ja zu schön …

Morgen …

Ich weinte vor Freude.

— — — — — — — — — — — — — — — — — — —

Der große Augenblick war da.

Im Schloß rasselte der Schlüssel. Diesmal war es ein recht liebliches, nerven*beruhigendes* Schlüsselgeklapper.

Der Stationswachtmeister brachte meinen Straßenanzug.

„Du kannst ja schließlich nicht in dem blau-weiß gestreiften Krankenanzug an Bord gehen", bemerkte mein Kumpel.

Dann besah und beschnupperte er den Anzug.

Wahrhaftig: er beschnupperte ihn, wie ein Hund.

„Er riecht nach draußen", sagte er, und: „wenn *ich* erst meinen Anzug bekomme … aber dann …!"

Mit dem Anziehen wollte es nicht so recht gehen.

Das kranke Bein hinderte sehr.

Der Kumpel zog mir die Strümpfe an.

„Mach' schneller", bat ich, „um so eher bin ich draußen".

Der Kragenknopf fiel mir immer wieder aus der zitternden Hand.

Die Löcher im Kragen schienen viel zu klein. Oder der Kragenknopf war zu groß? Es paßte beim besten Willen nicht mehr.

Mein Kumpel mußte helfen.

Bei ihm ging es sofort. — Also!

„Nu' probier' 'mal zu laufen. Hier haste Deinen Stock".

Ich humpelte die Zelle ein paar Mal auf und ab.

Es ging leidlich.

Der Wachtmeister kam wieder.

„Fertig?"

„Jawohl! — Also adieu, Kamerad! Mach's gut und sieh' zu, daß Du *auch* bald freikommst".

Wir nahmen herzlichen Abschied.

Meinem Kumpel wurde doch ganz „mulmig" zu Mute, als er mich gehen sah.

„Wir müssen erst noch zum Hausvater", bemerkte der Wachtmeister.

„Gehen Sie nur recht langsam und vorsichtig — wir haben noch Zeit".

Der hat klug reden. Jede Minute, die ich hier eher 'raus bin — um so besser.

Beim Hausvater unterschrieb ich den Empfang meiner Kleider.

O', bitte sehr!

„Aber meine Papiere hab' ich noch nicht!"

„Die nimmt der Transporteur mit".

Was denn??

„Sie kommen nach der Spandauer Strafanstalt".

Ich fühlte, wie mir plötzlich das Blut zu Kopfe stieg.

Die Ader am Hals schlug so heftig gegen den engen Kragen, daß ich den Knopf öffnen mußte.

In allen Poren stach und kribbelte das Blut.

Ich wischte mir den Schweiß von der Stirn.

Mir wurde schwarz vor den Augen.

„Machen Sie mir nur hier keine Geschichten", sagte der Hausvater und schob mir schnell einen Stuhl hin.

„Ich bin ja ganz ruhig", sagte ich, ohne mich zu setzen.

Ich taumelte hinaus.

Der Hausvater begleitete mich zum Transportauto, das im Gefängnishof bereit stand.

„In Spandau ist es ja auch nicht schlecht", sagte der Gemütsmensch und half mir beim Einsteigen.

Die Wagentür fiel hinter mir ins Schloß.

— —

Wieder in Einzelhaft.

Eine entsetzliche Zelle.

Viel kleiner, als sie im allgemeinen ohnehin schon sind.

Das sogenannte Bett ganz dicht über dem Fußboden.

Das kleine, vergitterte Fenster hoch oben, dicht unter der Decke.

Der Fußboden zementiert.

Das ist ja ein richtiges Kellerloch!

Dieses Loch war so klein, daß man das „Bett" ständig hochklappen mußte, da sonst fast die ganze Zelle ausgefüllt war.

Ein winziges Tischchen, ein Schemel und ein kleines Wandspind vervollkommneten das Inventar.

Soll ich in dieser fürchterlichen Enge wieder monatelang eingekerkert sein?

Wollen sie mich denn durchaus verrückt machen?

Der Spandauer Gefängnisarzt hat mir bei meinem Eintreffen sofort Bettruhe, „tägliche Bettruhe", befohlen. „Das Bein immer schön hochlegen".

Aber das „Bett" war so dicht über dem eiskalten Zementfußboden, daß ich entsetzlich fror, obwohl draußen heißer Sommer war.

Ausnahmsweise bekam ich eine zweite Decke.

Aber ich fror und fror.

Die Totenstille in der ganzen Anstalt.

Das kalte Loch, in dem ich in der dunklen Ecke lag … es war entsetzlich.

Ich versuchte zu schlafen — die Kälte hielt mich wach!

Denken darf ich nicht, nur nicht denken, dann werde ich verrückt!

Es ist doch in einem Staat, der sich einen *Kulturstaat* nennt, unmöglich, daß Menschen, die nicht mehr verbrochen haben, als für den Frieden zu wirken, monatelang eingesperrt und gequält werden!!!

Es ist doch ein ganz gemeiner Schwindel, wenn Hitler allen Völkern jenseits der Grenzen seine Friedenshand entgegenstreckt, während er in seinem eigenen Land alle ehrlichen Friedensfreunde in die „Schutzhaft" steckt. Monatelang. *Jahrelang!!*

Seht Euch diese Hand an, Völker Europas! Es klebt das Blut deutscher Pazifisten daran!
Seht Euch diesen Mund an, der heut' Friedensworte spricht; morgen wird er wie eine Kriegsfurie schreien!
Glaubt seinen Friedensbeteuerungen nicht, so lange auch nur ein Pazifist wegen seiner Überzeugung verfolgt wird.

— — — — — — — — — — — — — — — — — — — —

Man darf nicht denken, wenn man in „Schutz"haft ist. Länger als 20 Jahre habe ich für den Frieden gekämpft und liege jetzt, da fieberhaft zum neuen Kriege gerüstet wird, gefangen und krank in diesem verdammten Loch, mit Eisengittern vor den Fenstern, mit Eisenblech vor der dicken, schweren Tür, verriegelt und verschlossen …

Wenn man nur nicht denken *müßte!*

Es ist wirklich zum Verrücktwerden.

… Und dieses „Volk der Denker und Dichter …"

Es ist zum Lachen …

Nein, es ist zum Heulen!

Da hat dieses Volk über vier Jahre lang ein entsetzliches Morden erlebt, mit allen erdenklichsten Menschenmordwaffen, mit Gift und Gas und Flammenwerfer.

Über vier Jahre lang ein entsetzliches Sterben und Hungern … und heut' wieder: Uniform und Soldatenspiel, Militärmusik und Kommisstiefel.

Mit „Hurra", wie 1914!

Mit „Heil Hitler" — 19 Jahre später.

— — — — — — — — — — — — — — — — — — —

Wie lange ich in Spandau eingesperrt war, vermag ich nicht zu sagen.
Jeder Tag wurde mir zu einer Ewigkeit.
Die unheimliche Stille im ganzen Bau erinnerte mich an eine Leichenhalle.
Jede Zelle war hier wie ein steinerner Sarg.
Das schien sich zu bestätigen durch die Nachricht, die mir der schutzhaftgefangene sozialistische Arzt Dr. X. eines Tages brachte. Dr. X. lag links nebenan in der Zelle.
In der ersten Zeit versuchte ich mich durch Klopfzeichen mit ihm zu verständigen. Es mißlang. Dr. X. antwortete nicht.
Er hat wohl solche „Praxis" noch nicht mitgemacht?
Einmal aber hatte ich doch Gelegenheit, ihn zu sprechen.
„Weißt Du schon, daß rechts von Dir die ‚Litten-Zelle' ist?", sagte er. Dann erfuhr ich, was sie mit meinem Freund Hans Litten verbrochen hatten.

Bis zu seiner Überführung in die Moabiter Lazarettabteilung lag er in dieser Zelle. Eines Tages wurde er herausgeholt — zum Verhör durch die „Gestapo". Rechtsanwalt Litten war als Verteidiger im „Felseneck-Prozeß" tätig. Die Nazis hatten — lange vor der Machtergreifung — einen Überfall auf die Arbeiter der Laubenkolonie „Felseneck" ausgeführt. Die damals schon nazistischen Justizbehörden klagten die überfallenen Arbeiter an.
Litten verteidigte die Angeklagten und erreichte einen Freispruch. Die Nazis haben ihm das nie vergessen und Litten mit auf die Geiselliste gesetzt. Am Tage des Reichstagsbrandes wurde auch er verhaftet und in „Schutz"haft gesteckt.
Er hat, wie alle prominenten „Schutz"häftlinge, fürchterliche Martern erdulden müssen. Er hielt tapfer aus.
Unter den Folterungen der Gestapo brach er eines Tages doch zusammen. Litten wurde aus seiner Spandauer Zelle geholt, zum „Verhör", in den Prügelkeller der „Gestapo".
Der Rechtsanwalt sollte belastende Aussagen machen über seine Mandanten. Litten weigerte sich, unter Berufung auf seine Schweigepflichten als Anwalt.
Man schlug ihn ins Gesicht, demütigte und beleidigte ihn. Litten blieb standhaft. Als die Nazis absolut nichts erpressen konnten, stellten sie ihn mit dem Gesicht gegen die Wand. „Wenn Du, Kommunistenschwein, keine Aussagen machen willst, dann wirst Du jetzt erschossen!"

Hinter dem Rücken des Rechtsanwaltes wurde, mit Absicht recht geräuschvoll, ein Revolver geladen und entsichert.
Die Barbaren weideten sich an der Todesangst ihres Opfers.
Sie preßten ihm den Lauf der Mordwaffe ins Genick.
„Ich zähle bis drei. Wenn Du Strolch dann noch keine Aussagen machst, drücke ich ab. Eins … zwei …!"
Litten brach zusammen.
Die Nazis lachten.
Dann wurde „Protokoll" gemacht. Mit Tinte und Peitsche …!
Schließlich erpreßte man dem Gefolterten noch die Unterschrift.

So zwingt man die Opfer, auch die schriftliche Erklärung zu unterschreiben, daß sie „freiwillig" ihre Aussagen gemacht haben, daß sie unter keinem Zwang standen und daß sie insbesondere nicht geschlagen wurden.

Als Litten in seine Zelle zurückgebracht wurde, schrieb er mit letzter Kraft an den Staatsanwalt, daß man ihn zu Aussagen durch unerträgliche Quälereien gezwungen habe, die er freiwillig nie gemacht haben würde, und die er hiermit widerrufe. Litten wußte aber auch, was dieser Brief an den Staatsanwalt für ihn bedeutete: erneutes „Verhör", erneute Marter! Dann lieber den Freitod!

Er öffnete sich die Pulsadern.
Der Gefängnisarzt mußte nun Littens Leben für die „Gestapo" erhalten — für spätere, weitere Quälereien; er legte dem Armen den ersten Notverband an.
Ich lag jetzt neben der „Litten-Zelle".
Sie war leer.
Der Gedanke, daß da nebenan mein guter Freund und Verteidiger in seinem Blute gelegen hatte, war mir unerträglich.
Hans Litten war stets ein hilfsbereiter, uneigennütziger Mensch. Er hatte, obwohl noch ein sehr junger Anwalt, eine große Praxis, denn er war sehr beliebt beim arbeitenden Volk. Dabei fragte er seine Mandanten nie nach Geld. Die meisten Prozesse führte er völlig umsonst; nicht nur für mich, seinen Freund, sondern für jeden armen Kerl, der bei ihm Rechtsschutz suchte.

Einmal hörte ich, daß seine Sekretärin ihm von dem Prozeß eines Kollegen erzählte, bei dem dieser eine große Summe verdient hätte. Wie wenig er an seine eigenen Bedürfnisse dachte, zeigt seine impulsive Entgegnung: „Ach, wenn *wir* doch einmal einen solch gut bezahlten Prozeß hätten, dann könnten wir ein ganzes Jahr umsonst arbeiten!"

Litten gehörte keiner Partei an. In steter Hilfsbereitschaft stellte er sich den Ärmsten der Armen zur Verfügung, die sich in den Maschen des Gesetzes verwickelt hatten. Da er die Arbeiterschaft trotz ihrer politischen Spaltung als Klasse ansah, litt er darunter, gegen die nationalsozialistischen Arbeiter — die politisch links eingestellte Kameraden schwer verletzt oder getötet hatten — scharf vorgehen zu müssen, denn für ihn waren sie weniger die Anhänger einer gegnerischen Partei als „verführte" Proletarier. Daher mußte ihm alles daran liegen, die Fäden aufzudecken, die von den verführenden Hintermännern zu den Straftaten führten. Aber diese Bemühungen im Interesse der Arbeiter, die in das Innere der nationalsozialistischen Organisationen allzu sehr hineinleuchteten, machten ihn den Nazis besonders verhaßt. Sie sahen in ihm wegen seiner Liebe zum Proletariat den „marxistischen" Rechtsanwalt, den sie schon vor der „nationalen Erhebung" immer wieder bedroht hatten.
Er, der es als seine Aufgabe betrachtete, mit seinem beruflichen Können dem Proletariat so weit wie möglich zu helfen, hat für diese Aufgabe lediglich im Rahmen seines Berufes gearbeitet und ist dafür, daß er als Rechtsanwalt seine Pflicht tat, d. h. daß er das ihm Anvertraute als Berufsgeheimnis wahrte und seinen Mandanten nicht in den Rücken fiel, von den Nazis bestraft worden.
Rechtsanwalt Hans Litten saß am 28. Februar 1935 bereits *zwei Jahre* in Schutzhaft!!!

Er wird weiter gefangen gehalten, obwohl er völlig unschuldig ist! Durch einen schweren „Unfall" in der Schutzhaft ist ihm *ein Bein gebrochen* worden! Litten kann sich nur sehr mühsam am Krückstock fortbewegen.

Er ist herzkrank.

An eine Entlassung dieses völlig unschuldigen, schwer kranken Menschen denkt der „edle" Adolf Hitler nicht!

Wo ist das Gewissen der anständigen Menschen in der Welt?!

Wo in der Welt sind die Rechtsanwälte, die *Kollegen* dieses gefangenen Anwaltes, die aufstehen und protestieren und protestieren?!

Wo sind die Mütter, die schreien und schreien, bis die greise Mutter Litten, ihren lieben Sohn, wiederbekommt!

Dieser edle und selbstlose Mensch ist jetzt im *dritten* Jahr in Schutzhaft …!

Wer von den ausländischen Pressevertretern, Diplomaten und prominenten Persönlichkeiten hat den Mut, bei irgendeinem Anlaß, bei Empfängen und Festessen, Herrn Hitler zu fragen: „… und wie, ‚edler Führer', ist es mit dem Rechtsanwalt Hans Litten?"

Er wird Euch antworten: „Das ist eine innerdeutsche Angelegenheit!"

Dann sagt ihm: „Das ist eine Angelegenheit der ganzen *Kulturwelt*!

… Und eine Kulturschande ist es obendrein!

— — — — — — — — — — — — — — — — — — — —

Jetzt war ich schon fast sieben Monate eingesperrt.

Nun wieder in Einzelhaft — krank — in einem Kellerloch.

Vielleicht wird man mich — wie meinen Freund — eines Tages zum „Verhör" holen?

Das ganze ist wie ein Lotteriespiel: Heute trifft es die Zelle Nr. 64, morgen kann es Zelle 65 sein.

Wohin wird man mich morgen transportieren?

Wohin übermorgen?

Diese Untermenschen machen ja mit mir, was sie wollen!

Trotz und Verzweiflung mischten sich bei mir zu der fixen Idee, mich völlig haftunfähig zu machen. Mit einem Kopierstift.

Ob ich hier in der Ecke meiner dunklen Zelle das bißchen Licht sehe oder nicht?!

Der Rest meines Lebens gehört mir und meiner schönen Idee.

Hier werde ich langsam verrecken.

Wenn ich aber die Sache mit dem Kopierstift mache, dann muß man mich doch entlassen!

Einem Blinden können sie ihre teuflischen Grimassen nicht zeigen. Man wird mich dann freilassen. Ich werde ins Ausland gehen und der Welt mein Gesicht zeigen, meine Augen, die ich mir blind machte, aus höllischer Verzweiflung.

Mein entstelltes Gesicht wird das Spiegelbild der „Schutz"haft sein. Einen blinden Zeugen wird man anhören, wird ihm Glauben schenken.

Von Land zu Land werde ich ziehen, um alle Kulturvölker aufzurufen, gegen die raffiniertesten, grausamsten Folterungen im Herzen Europas, im „friedlichen" Hitler-Deutschland etwas zu unternehmen.

Wenn ich den Rest meines Lebens *dafür* rette — sei es mit dem Opfer meiner Augen — dann hat mein Leben noch einen Zweck.

Ich kann die Welt *sehend* machen, gerade dadurch, daß ich selbst erblindet bin …

Mein Plan stand unerschütterlich fest.

Ich bat den Wachtmeister, als er gelegentlich in meine Zelle trat, um einen Kopierstift.

Er lieh mir einen *Blei*stift.

Damit ging's freilich nicht.

„Haben sie nicht einen *Kopier*stift, Herr Wachtmeister?"

„Nee — kommt nicht in Frage", wehrte er kurz ab.

Ich werde versuchen, mit dem Genossen Dr. Schminke zu sprechen und ihn um einen Kopierstift bitten.

Schminke kam geradewegs zu mir.

„Wir sollen entlassen werden", sagte er, „Du, der Genosse X und ich". Ich wehrte ab. Diese Manöver kannte ich.

Das sollte wieder so ein Nervenkitzel sein.

Schminke schien auch selbst nicht daran zu glauben.

Der Inspektor kam hinzu und befahl mir, mich fertig zu machen.

„Um 5 Uhr kommen einige Herren von der Staatspolizei her und werden Sie entlassen".

Das war denn doch zu starker Tobak.

Solche faulen Witze reißt man nicht einmal mit „Schutz"haftgefangenen.

Aber der Inspektor blieb ernst und verlangte durchaus, daß ich mich „fertig machen" solle.

Ich glaubte bestimmt nicht an Entlassung.

Vielleicht soll ich nach Oranienburg transportiert werden?

Ich werde mir auf alle Fälle einen Kopierstift besorgen.

Um 4.45 Uhr humpelte ich, gestützt vom Wachtmeister und meinem Krückstock, zum Konferenzzimmer.

Dr. Schminke und Genosse X. warteten schon.

„Wir sollen entlassen werden!"

„Ich glaub's nicht".

Es war übrigens auch so sonderbar: Dr. Schminke war Kommunist, der Genosse X. ein sozialdemokratischer Reichstagsabgeordneter und ich, ein Parteiloser.

Wollte man wieder einmal eine Prominentenbesichtigung vornehmen?

Na — wir werden ja sehen.

Jedenfalls: so spät am Nachmittag und so plötzlich eine Entlassung?

Ausgeschlossen!

Die große elektrische Uhr im Konferenzzimmer zeigte schon 5.15 Uhr. Pünktlich waren die Herren von der Staatspolizei jedenfalls nicht.

Es wurde 5.30 Uhr.

Wir drei saßen hoffnungslos auf der langen Bank an der Wand und plauderten von allerhand nebensächlichen Dingen, um unsere Aufregung zu verbergen.

5.45 Uhr.

Der Inspektor erschien und drückte selbst seine Verwunderung aus, daß „die Herren von der Gestapo noch nicht da sind".
Dr. Schminke verstand sich als Arzt sehr gut mit ihm: „Wer weiß, was da wieder vorliegt. Das Ganze wird wohl ein Irrtum sein". Aber der Inspektor beschwor uns: er habe Auftrag bekommen, uns Drei im Konferenzzimmer, pünktlich um 5 Uhr, zu versammeln, zwecks Freilassung.

Es wurde 6 Uhr und noch später.

„Am besten ist es", sagte der Inspektor, „Sie gehen wieder in ihre Zellen zurück. Wenn die Herren von der Staatspolizei heut' noch kommen, dann lasse ich Sie sofort rufen. Bleiben Sie also angezogen". Wir gingen zurück in unsere Käfige.
Und warteten und warteten …

Endlich kam der Inspektor.

Jetzt???
Aber er kam nur, um uns zu sagen, daß wir uns „ruhig schlafen legen können. Heute kommen die Herren nicht mehr. Eine Autopanne unterwegs. Schlafen Sie ruhig und morgen werden Sie abgeholt, zur Staatspolizei".
Der Mann hatte klug reden: „Schlafen Sie ruhig".
Und was heißt das — „zur Staatspolizei?"
In den Prügelkeller? — Zum „Verhör?"
„Schlafen Sie ruhig!"
Der Mann hat noch nicht sieben Monate in „Schutz"haft gelegen, sonst könnte er so etwas nicht sagen.
„Verzweifeln Sie ruhig!" — hätte er sagen sollen.

— —

Ich habe diese Nacht nicht eine Minute geschlafen.
Als der Morgen kam, wurde ich seltsam ruhig und gefaßt. Mehr als totschlagen können sie mich nicht.

Am Morgen trafen wir uns wieder im Konferenzzimmer.
Ein Kriminalbeamter holte uns ab.
Es war immerhin ein günstiges Zeichen, daß *ein* Krimi *drei* Gefangene transportiert.
Bei meiner Verhaftung holten mich allein sechs Krimis.
Es war ein weiteres gutes Zeichen, daß der Krimi eine Autotaxe mietete.
Nun glaubte ich *doch* an Entlassung.

In der „Gestapo" empfing uns der zuständige Dezernent, Dr. Conradi, nicht gerade freundlich, aber auch nicht bösartig.

Einzeln mußten wir sein Zimmer betreten.

Jedem hielt er einen mehr oder weniger langen Vortrag und überreichte zum Schluß jedem einen Entlassungsbrief.

Als ich ins Zimmer humpelte, am kranken Bein einen Filzschuh, machte er es „kurz und bündig". Dann gab er mir dieses Schreiben:

Geheimes Staatspolizeiamt   Berlin, den   27 SEP 1933   1933

II B Nr.

        An

            Herrn   *Ernst Friedrich*

        Nach Prüfung Ihrer Schutzhaftsache habe ich mich
entschlossen, die Aufhebung der Haft anzuordnen. Die Entlassung erfolgt unter der Voraussetzung, dass Sie keine wie
auch immer geartete Tätigkeit entfalten, die dem Aufbau
des nationalsozialistischen Staates irgendwie hinderlich
sein könnte. Eine nach Ihrer Entlassung begangene illega-
le Handlung würde die schwersten Folgen für Sie nach sich
ziehen. Ich lasse Sie daher für die kommende Zeit überwachen.
        Sie haben sich unter Vorlage dieses Schreibens bei
der für den Ort Ihrer Rückkehr zuständigen Polizeibehörde
(Polizeirevier 256) zu melden. Die Meldung erfolgt
...3... mal wöchentlich. Sie ist zunächst befristet bis 1.
Dezember 1933 und fällt mit diesem Tage fort, falls Ihre
Führung in der Zwischenzeit nicht zu beanstanden war.

            Im Auftrage:

126

„Freiheit!"

Sieht mir irgend jemand an, daß ich soeben aus der „Schutz"haft komme?
Sieben Monate — eine schöne Zeit!

Wohin soll ich gehen?
Ich habe ja kein „Zuhause" mehr!
In meinem Friedens-Museum ist jetzt eine Hitler-Kaserne …
Wohin?
Ich hab' ja kein eigenes Heim mehr!

Erst mal schleunigst hier weg.
Das war mir denn doch eine zu heiße Gegend.

Ich humple die Straße rechts hinunter.
Da ging's zum Spittelmarkt.
Mehrmals mache ich schlapp.
Die plötzliche Freiheit! —
Mein Gott!!
Es war tatsächlich kein Traum …

Ich spiegle mich im Vorübergehen in einem großen Schaufenster: der da am Krückstock mit seinem Karton humpelt, das war ich.
Ich träume nicht — bin wirklich frei!!!
Aber ich stehe noch auf recht schwachen Füßen.
Das ungewohnte lange Laufen ermüdet mich.
Oft bleibe ich unauffällig an Schaufensterauslagen stehen, um zu ruhen.

Dann probiere ich wieder ein Stück.
Der erste Gesinnungsfreund begegnet mir.
„Hallo …, Ernst Friedrich?"
„Ich komme eben aus der Hölle, Genosse! — Vor einer Stunde war ich noch in „Schutz"haft. Du — es war höchste Zeit!"
Wir plauderten eine Weile.
„Sag' den ander'n Genossen, daß ich frei bin. Wir werden uns am nächsten Sonntag auf meinem Schiff treffen, da sind wir ungestört".

Der Genosse schwieg so sonderbar.
„Also sag' den Freunden ein ‚Fröhliches Wiedersehen' auf dem ‚PAX VOBISCUM' ".
Ich humpelte weiter.
Freud' oder Leid — sieben Monate „Schutz"haft mit allen Schrecken läßt kein Lachen und keine Tränen mehr aufkommen.
Glück oder Unglück — es gibt keine Erwartungen und keine Enttäuschungen mehr.
Als ich später erfuhr, daß die Nazis meine „PAX VOBISCUM" schon längst gestohlen hatten, war ich nicht im Geringsten betrübt oder enttäuscht. Meine Freunde, die alle längst wußten,

daß mein Schiff schon seit Monaten „beschlagnahmt" war, wagten mir nicht zu sagen, daß man mir auch diese, meine *letzte* Zuflucht, genommen hatte …

Gewiß: ein neuer, schwerer Schlag, aber ich spürte ihn kaum noch.

Warum soll mir nicht *alles* genommen werden?
Allerdings sollte man von einem Staat, der sich ein *Rechts*staat nennt, erwarten dürfen, daß die Behörden den Eigentümer von der Beschlagnahme seines Eigentums ordnungsgemäß benachrichtigen.
Vor der Hitler-Regierung war das so üblich. Auch die Gründe einer eventuellen Beschlagnahme wurden selbstverständlich mitgeteilt. Es gab Beschwerdemöglichkeiten, man konnte Rechtsmittel gegen die Beschlagnahme einlegen, konnte gegen die Behörden klagen. Im Hitlerstaat sind Freiheit und Recht abgeschafft.
Ich erhielt nicht nur *keine* amtliche Mitteilung von der Beschlagnahme der „PAX VOBISCUM", ich erhielt, im Gegenteil, wiederholt mündliche und mehrmals schriftliche Zusicherungen, daß mein Eigentum nicht (!) beschlagnahmt wird, mehr noch: der Polizeipräsident schrieb mir sogar, daß er die *„notwendigen Schritte zur Sicherung"* (!!) meines Eigentums veranlaßt habe!

Der Polizeipräsident in Berlin
– Abteilung I –

Berlin C 25, Alexanderstr. 3/6

Eingangs- und Bearbeitungsvermerk

I ^{2e} Hart 90.

An
das Zellengefängnis Moabit,

B e r l i n ,
Lehrter Straße 5.

Zellengefängnis Moabit

Eing 25 APR 3 3

Geschäftszeichen und Tag Ihres Schreibens

Geschäftszeichen und Tag meines Schreibens

s.oben, den 19. April 1933.

Zur Aushändigung an Ernst F r i e d r i c h

– – – –

Auf Ihre Eingaben 23.,31. März und Ihr
Schreiben vom 3. April 1933 teile ich Ihnen
mit, das die weitere Haft gegen Sie auf Grund
des § 1 der VO. vom 28.2.1933 angeordnet ist,
so daß eine richterliche Nachprüfung nicht
stattfindet. Zur Sicherung Ihres Eigentums habe ich die notwendigen Schritte veranlaßt.

Im Auftrage:
gez. Dr. Mittelbach.

Beglaubigt.

Kanzleiassistent

Kz.

Trotz dieser schriftlichen Erklärungen des Polizeipräsidenten ist es eine Tatsache, daß mir die Polizei mein Privateigentum beschlagnahmt!!!

Bürger in Kulturstaaten: wie nennt Ihr in Euren Ländern ein solches Tun? Diebstahl — nicht wahr? — Diebstahl!

Keine Regierung, und sei es im primitivsten Negerstaat im dunkelsten Afrika — könnte sich länger als einen Tag behaupten, wenn sie ihre Staatsbürger so höhnisch belügen und so offensichtlich bestehlen würde.
Mit den schriftlichen Erklärungen des Polizeipräsidenten über den *Schutz* meines Eigentums ging ich zum Wasserpolizeiamt. Dort lag mein Schiff.
Ich meldete mich bei dem zuständigen Polizeioffizier und legitimierte mich als Eigentümer des Schiffes „PAX VOBISCUM".
Der Offizier zuckte bedauernd die Achseln: er könne nichts für mich tun, er habe das Schiff „in völlig verwahrlostem Zustande" beschlagnahmt.
Ich protestierte. Als ich von Bord ging, war es tadellos in Ordnung. Eine große Werft hatte es gründlich überholt. Neue Stahlplatten wurden im Schiffskörper eingezogen. Über und unter Wasser, vom Bug bis zum Achter, war das ganze Schiff überholt. Sogar ein neuer, moderner Rohölmotor stand im Maschinenraum.
Der Offizier wollte mir anfänglich nicht glauben. Bis ich ihn durch Rechnungen und Belege von der Wahrheit meiner Worte überzeugen konnte.
Monatelang hatte ich Ausbesserungen und Verschönerungen vorgenommen, das ganze Schiff, außen und innen, so ausgebaut, daß es als Wohn- und Museumsschiff benutzt werden konnte.
Es war ein Umbau und Ausbau, ähnlich wie in meinem „Anti-Kriegs-Museum".
Jede freie Stunde, die mir das Friedens-Museum ließ, brachte ich auf meinem Schiff zu. Mit Hammer und Säge, mit Eisenschrauben und Farbe, führte ich die meisten Arbeiten selbst aus, um Geld zu sparen.
— Nur die Arbeiten auf dem Trockendock: das Einziehen der neuen Stahlplatten unterhalb der Wasserlinie mußte der Werft in Auftrag gegeben werden.
Eine so gründliche Überholung war notwendig, weil ich eine große Auslandsreise plante. Französische Pazifisten luden mich zu einer Ausstellungs-Fahrt durch Frankreich ein. Das ganze Museumsmaterial sollte auf dem „PAX VOBISCUM" verladen werden und auf dem Wasserwege — durch Kanäle und Flüsse — in ganz Frankreich gezeigt werden. Die Transportkosten mit dem Schiff wären bedeutend billiger gekommen als mit der Eisenbahn. Ganz abgesehen von der großen Propaganda, die ein solches Friedensschiff an sich schon ausmacht. Durch den Einbau eines Rohölmotors, der mit dem billigen Erdöl gespeist wird, waren die Betriebskosten auf ein Minimum herabgedrückt.
Ein solches Museumsschiff wäre ganz zweifellos ein großer Erfolg gewesen.

Mit dem französischen Gesinnungsfreund Gilbert Lesage, Paris, besprach ich bereits die Einzelheiten einer solchen Schiffsreise; mit einem Vertreter der „Olex"-Erdölfirma fanden Besprechungen statt über die Tankmöglichkeiten im Ausland usw. Alles war auf's Beste vorbereitet; das Schiff in tadellosem Zustand.
Anfang des Jahres 1933 wollte ich „in Spree stechen".

Da kam Hitler zur Macht.

Nun verschob ich meine Ausreise, weil es zu sehr nach „Flucht" ausgesehen hätte.
Fliehen mögen Krieger. Ein Pazifist flieht nicht.
Also unterblieb die Ausreise. Das Friedensschiff blieb im Hafen der Werft, bis — die Nazis
die „PAX VOBISCUM" beschlagnahmten und demolierten!

Allerdings wären sie lieber mit losgefahren …

Das Schiff von Ernst Friedrich unter der Nazi-Flagge. Mit brauner Besatzung!

Das hätte so eine richtige Seeräubergeschichte abgegeben.
Das wäre ein Triumph!
Aber die Kerle waren zu dumm. Sie standen vor dem Rohölmotor, wie die Ochsen vor dem
Scheunentor.
Wie Hitler vor dem Völkerbund.
Alle ihre Bemühungen, den Motor in Gang zu bringen, mißlangen.
Ach ja, wenn sie Ernst Friedrich aus der „Schutzhaft" herholen könnten; der würde das Ding
schon in Gang bringen. Aber der lag kaputt in einer Zelle.
Also schlagen wir sein Schiff auch kaputt.
Und mit derselben „Gründlichkeit", mit der sie das Friedenshaus demolierten, so demolierten
sie jetzt das Friedensschiff! Alles wurde kurz und klein geschlagen. Tische und Stühle
zerhackt. Sofas zerschnitten. Bettkästen auseinandergerissen. Schränke zu Kleinholz
verarbeitet. Sogar der Fußboden wurde aufgerissen.
Wenn sie mit dem Ding nicht fahren konnten, weil sie zu dumm dazu waren, dann verstanden
sie sich um so besser auf ihr barbarisches Werk der Zerstörung. Heil Hitler!

Da stand ich nun vor dem Offizier des Wasserpolizeiamtes mit meinem Schreiben vom
Polizeipräsidenten, wonach
„zur Sicherung Ihres Eigentums die notwendigen Schritte veranlasst" sind.

Und da lag mein von der *Polizei* gestohlenes Eigentum!

„Das Schiff war in einem fürchterlichen Zustand", wiederholte der Polizeioffizier — „es
lohnte sich eigentlich gar nicht mehr, es wieder in Ordnung zu bringen, aber der Motor war
noch ganz".
„Bekomme ich jetzt mein Eigentum wieder?"
Der Offizier bedauerte.
Ich zog noch ein Schreiben vom Polizeipräsidenten aus der Tasche, wonach
„an der Beschlagnahme Ihres Privateigentums ein Staatsinteresse nicht besteht".

Der Offizier zuckte die Achseln.
„Warum sagt mir die Polizeibehörde nicht, daß mein Eigentum *doch* beschlagnahmt ist,
obwohl ich es *schriftlich* habe, daß das *nicht* geschehen wird, obwohl man mir sogar
verspricht, daß man mein Eigentum *schützen* wird?"
Der Offizier bedauerte wieder.

Der Polizeipräfident in Berlin

Abteilung I

Berlin C 25, Alexanderstraße 36

An

    das Zellengefängnis
    Moabit,
    <u>Lehrter Str.3</u>
zur Aushändigung an Herrn
    Ernst Friedrich.

Geschäftszeichen und Tag Ihres Schreibens

Betrifft:

Eingangs- und Bearbeitungsvermerk

Zellengefängnis Moabit
Eing. 28.APR 19:3

Geschäftszeichen und Tag meines Schreibens
26.4.1933

        Ich kann Ihnen versichern,dass ich von

mir aus die erforderlichen Schritte unternehmen werde,um

nach Möglichkeit <u>Ihr Privateigentum,an dessen Beschlagnahme

ein Staatsinteresse nicht besteht,</u> zu schützen. Eine

persönliche Vernehmung vermag ich infolge meiner ausser-

ordentlichen dienstlichen Inanspruchnahme zurzeit nicht

herbeizuführen.

               J.A.

Eigentümliche Rechtspflege und Rechtsbegriffe in Hitler-Deutschland!

„Darf ich mein Schiff wenigstens einmal sehen?"

Wir gingen ans Wasser.

Da lag ein *feldgrau* gestrichenes Polizeischiff: meine ehemalige „PAX VOBISCUM"!

Die schöne, weiße Lackfarbe, mit der ich das Friedensschiff gestrichen hatte, war jetzt schmutzig-grau überpinselt.

Polizeifarbe statt der Farbe des Friedens.

Der schöne, symbolische Name war übermalt mit einem nüchternen: „Papenburg".

„Warum nennen Sie denn mein Schiff — pardon: Ihr Schiff — : Papenburg?"

Ich erfuhr, daß das Friedensschiff jetzt nach Pommern bestimmt sei, wo es *Polizeidienst* verrichten müsse. In der Stadt Papenburg wäre die neue Heimat des Schiffes, daher der Name „Papenburg".

O', Ihr guten, ehrlichen Bürger Papenburgs! Wenn Ihr das ehemalige *Friedensschiff* im Hafen liegen seht; dann denkt daran, daß es *gestohlen* ist! Denn der Eigentümer des Schiffes ist der Verfasser dieses Buches. Und der Eigentümer dieses Schiffes hat bei der Berliner Polizei seine Eigentümerschaft glaubhaft nachgewiesen und seinen Verlust polizeilich gemeldet. Aber die Polizei sucht den Dieb nicht, denn sie hat das Schiff *selbst* gestohlen.

Nicht wahr, Ihr lieben Bürger Papenburgs: wenn das Schiff von der Polizei *beschlagnahmt* worden wäre, dann hätte man ja „von Rechtswegen" den Eigentümer von der Beschlagnahme unterrichten müssen. Da das aber nicht geschah — bis heute noch nicht geschah! — da vielmehr „an der Beschlagnahme ein Staatsinteresse nicht besteht", so bleibt doch nur ein glatter *Diebstahl* übrig!

Oder wie nennt Ihr guten Bürger Papenburgs so etwas in eurem Hinterpommern?

— —

Ich sah mein Friedensschiff zum letzten Mal.

„Nicht an die Güter hänge Dein Herz" — sagte ich leise vor mich hin und ging.

Immerhin eine kleine Kursänderung der Schiffsreise: statt nach Frankreich — nach Hinterpommern.

Übrigens *auch* eine schöne Gegend

Der heut' noch rechtmäßige, gesetzliche Eigentümer des Schiffes wird nun per Eisenbahn durch das friedliche Frankreich fahren und in seinen Vorträgen erzählen von dem Friedensschiff „PAX VOBISCUM", daß die deutsche Polizei einem deutschen Staatsbürger (ich bin leider *noch nicht* „ausgebürgert") gestohlen hat.

Hoffentlich hat mir dann Hitler, der mir mein gesamtes Eigentum und meine Gesundheit genommen hat, auch noch meine Staatsbürgerschaft genommen, denn
ich schäme mich, Staatssklave Hitler-Deutschlands zu sein!

Teure Heimat ...

Die Nazis haben mir als mein persönliches Eigentum nicht viel mehr gelassen als meinen Krückstock.

Da ich kein „Materialist" bin und demzufolge mein Herz nicht an die irdischen Güter hänge, so habe ich auch den Verlust meines gesamten Eigentums nicht lange bedauert.
Angefangen vom Museumsgrundstück und dem Friedensschiff, über die Museums-, Kino- und Wohnungseinrichtung, die Bekleidung und Wäsche meiner Familie — bis zum letzten Taschentuch — haben mir die „Erneuerer Deutschlands" Werte im Betrage von weit über 70.000 Mk. zerstört oder gestohlen.

Mein vaterländisches Herz schlug besonders hoch, als ich später auf der Straße einen Nazi in Zivil sah, dessen Anzug *mir* früher einmal gehörte ...

Ich war Heimatlos in meiner Heimat.
Ich ging stempeln.
Stempeln ging ich doppelt: einmal, um *Wohlfahrtsunterstützung* zu beziehen und dann, um mir jeden dritten Tag den polizeilichen Stempel aufdrücken zu lassen, denn ich stand nach meiner siebenmonatigen „Schutz"haft noch weitere zwei Monate unter *polizeilicher Kontrolle* — wie früher die Sittenmädchen.

Um meinen Verlust zu vervollständigen, verlor ich jetzt noch meine Haare infolge einer erneuten Nervenkrise.

Daß die Wohlfahrtsbehörde mich sofort nach meiner Entlassung aus der „Schutz"haft noch einen Monat in ein *Krankenhaus* schickte, ist ein Beweis dafür, wie überaus „erfolgreich" die siebenmonatige „Schutz"haft für mich war, denn die Wohlfahrtsbehörde schickt bekanntlich nur wirklich *sehr* schwer Kranke ins Spital. Aber selbst im Spital lag ich „unter Polizeiaufsicht"!

Für Völkerverbrüderung:

Französische und belgische Austauschschüler in Berlin, als Bordgäste auf dem Museums-Schiff.

Der Direktor des Friedensmuseums — muß auch ein guter Schiffskapitän sein!

Aus dem Krankenhaus wurde ich Ende September entlassen. Ich war zwar noch längst nicht gesund, aber mit Hilfe meines Krückstockes rutschte ich jetzt schon ganz gut vorwärts.

„Verzeihen Sie" — sagte einmal ein Nazi, der mich auf der Straße unsanft, aber aus Versehen angestoßen hatte. „Verzeihen Sie" — wiederholte er und legte die Hand zum Gruß an die Mütze.

Es war der erste und blieb der einzige Nazi, der mich jemals um Verzeihung bat.

Hätte er gewußt, *wer* ich war — ich zweifle keinen Augenblick daran, daß er mich verhaftet und in die Hitlerkaserne, im ehemaligen „Anti-Kriegs-Museum", geschleppt haben würde.

Das gäbe ein Hallo!

Was man dort mit *mir* gemacht hätte, kann man sich leicht denken, wenn man sich vergegenwärtigt, was sie Entsetzliches mit denen angestellt haben, die nur im *Verdacht* standen, meine Gesinnungsfreunde zu sein.

Meine Gefangenschaft — in meinem ehemaligen Friedensmuseum — hätten die braunen Helden als ihren größten Triumph angesehen und mit ihren Nilpferdpeitschen auf meinem Rücken gefeiert.

„Wenn wir den Ernst Friedrich 'mal zwischen unsere Finger kriegen ... Den dreh'n wir durch den Wolf ... !"

Ganz zweifellos wäre ich lebend nicht mehr aus dieser Prügelkaserne herausgekommen.

Ich mußte mich daher nach meiner Entlassung aus dem Krankenhaus äußerst vorsehen, um nicht erkannt zu werden. Ich änderte nach Möglichkeiten mein Aussehen, ging selten am Tage aus und mied verkehrsreiche Straßen.

Den Hut tief ins Gesicht gezogen, so schlich ich durch die heimatlichen Straßen ...

Teure Heimat! Du hast keinen Platz mehr für Pazifisten.

Jede Nacht mußte ich meine Schlafstelle wechseln, denn gerade nachts befürchtete ich wieder unerwünschten Besuch.

Besuchte ich meine Freunde, so konnte ich nur wenige Augenblicke bei ihnen verweilen. Hatte sich ein Spitzel an meine Fersen geheftet? Hat mich jemand von der Nachbarschaft gesehen und erkannt?

Einige gute Kameraden befanden sich in städtischen Diensten, ihre Beziehungen zu mir konnten ihnen verhängnisvoll werden.

Ich war eine *Gefahr* für meine Freunde! Einige hatten den Mut, mich ganz offen zu bitten, nicht mehr wieder zu kommen.

Was sollte ich noch in dieser 4 ½ -Millionen-Stadt, die einem friedlichen Bürger nicht eine einzige ruhige Nacht garantieren kann?

Was sollte ich noch in diesem 60-Millionen-Land, das einem Friedensfreund keinen Schutz — nur „Schutz"haft gewähren kann?

Wie Pilze nach dem Regen — so schossen nach dem Untergang der Weimarer Republik die Uniformen aus der braunen Erde.

Uniformen in den Kasernen —

Uniformen in den Straßen —

Uniformen in den Arbeitslagern —

Uniformen in den Schulen —

Uniformen in den Familien —

Uniformierte Eltern und Kinder —

Uniformierte Professoren und Straßenfeger.

Überall und über alles: Uniform — und uniformiert: da muß sich der *Mensch* verstecken.

Wenn der Soldatenstiefel das Pflaster tritt — hört man den Herzschlag nicht.

Wenn der Helm den Kopf einpreßt — ist kein Platz mehr für große Gedanken.

Man sagt: es sei erwiesen, daß es nicht die Hände sind, sondern das Lächeln, womit die Menschen einander ergreifen und halten.

Dann werden in Deutschland, in dem Land ohne Lächeln, die Menschen zu Grunde gehen, denn dort lächeln nur noch die Irrsinnigen!

Die Vernünftigen schweigen.

Die Gütigen weinen.

Im Hitler-Deutschland gebrauchen die Menschen ihre Hände nicht, um damit einander zu ergreifen, sondern um damit einander *an*zugreifen, einander zu würgen.

Menschsein heißt in diesem Land ohne Lächeln: rechtlos und geächtet und verfolgt sein.

Teure Heimat! Du nahmst mir Heim und Herd im buchstäblichen Sinne des Wortes.

Sei gegrüßt! Du raubtest mir Existenz und Gesundheit ...

Da meine Füße keine Soldatenstiefel tragen können,
auf meinem Kopf kein Helm paßt,
so muß ich den Staub von meinen Füßen schütteln.

„Sei gegrüßt, aus weiter Ferne.
Teure Heimat – sei gegrüßt!"

Dieser braunen Hölle hätte ich gleich nach meiner „Schutz"haft-Entlassung entfliehen können. Gute Genossen hätten mich sicher über die Grenze gebracht.

Aber ich wollte auf keinen Fall fliehen.

Andererseits hatte ich keinen Grund, die Behörden von meiner Absicht — Hitler-Deutschland zu verlassen — zu unterrichten. Ich wollte nur noch abwarten, bis mich die Staatspolizei völlig „freigeben" würde. Die Nazis sollten mir nicht nachsagen können, daß ich „feige" geflohen sei, daß ich mein gegebenes Wort: „mich bis 1. Dezember dreimal wöchentlich bei der zuständigen Polizeibehörde zu melden", gebrochen hätte. Also holte ich mir nach meiner Entlassung aus dem Krankenhaus jeden dritten Tag meinen Polizeistempel.

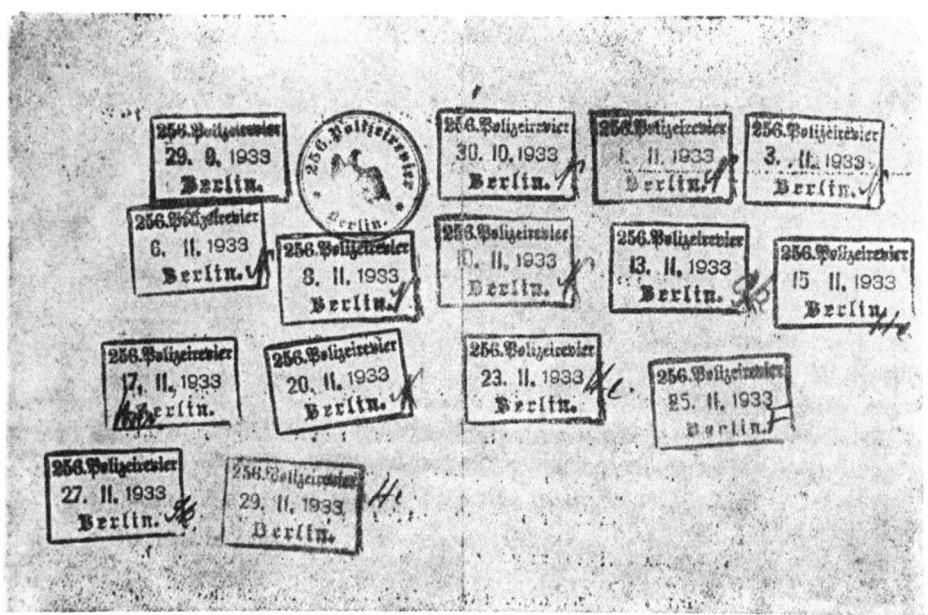

Jedesmal, wenn ich das Polizeirevier betrat, rechnete ich mit meiner neuerlichen Verhaftung.

Beim Eintreten in die Polizeistube grüßte ich jedesmal mit einem „Guten Tag!" und jedesmal antwortete man mit „Heil Hitler!" …

Ich brachte diesen idiotischen Gruß nicht über meine Lippen.

Wie kann ich, der durch Hitler *krank* gewordene Mensch, dem *gesunden* Hitler „Heil" wünschen?

Im übrigen sind ja doch die Nazis gegen die „verweichlichenden Christusworte" der Bergpredigt, wonach der Gemarterte seinen Peiniger liebt und ihm „Heil" wünscht.

Gemäß der Gewaltlehre der Nazis wäre es vielmehr richtiger, ich würde mit „Rache Hitler!" grüßen.

Wie albern, wenn im Krankenhaus, bei der Visite, der teutsche Arzt schwer kranke Patienten mit „Heil Hitler" begrüßte, statt mit einem angebrachten „Heil *Euch*!"

Wie blöde, wenn die in ihren Schmerzen liegenden, auf Heil und Heilung hoffenden Kranken dem Arzt zurufen, daß er *Hitler* heilen soll.

»Heil Hitler!"

Dieser Hitler ist ja gar nicht krank, er macht vielmehr ein ganzes Volk krank und läßt *sich* von ihm dann „*Heil*" wünschen!

Ist dieser Gruß nicht idiotisch?

Ist dieses Volk, das diesen Gruß spricht, nicht krank?

Jedesmal, wenn ich auf der Polizeistube über der Eingangstür in großen Lettern las:

> ## Hier grüßt man Deutsch:
> ## „Heil Hitler"

dann hatte ich immer ein schleimiges Gefühl im Halse.

Ich räusperte mich und sagte: „Guten Tag".

Ich konnte nicht anders!

Mein Bein war krank, aber mein Verstand noch gesund.

Werden die Polizeibeamten dem „Geheimen Staatspolizeiamt" berichten, daß „meine Führung in der Zwischenzeit zu beanstanden war", indem ich stets den „Hitler-Gruß" verweigerte?

Wenn ich in drei Tagen wieder meinen Polizeistempel hole, wird man mich dann verhaften?

Ich betrat jedesmal die Polizeistube mit dem oft ganz bestimmten Gefühl: *heut'* behält man mich da!

Auf dem Wege zum Polizeirevier räumte ich vorsichtshalber meine sämtlichen Taschen aus.

Heut' wird man mich ganz sicher verhaften. Da sollen sie keine Notizzettel bei mir finden, die eventuell Adressen von Freunden enthalten.

„Guten Tag", grüßte ich dann wieder.

„Heil Hitler", kam es zurück.

Ich verfolgte gespannt jede Bewegung des Polizeibeamten.

In welches Fach greift er jetzt?

Dort liegen große Formulare — sicherlich Haftbefehle?

Die Hand des Beamten faßt in ein anderes Fach.

Ob *das* die Haftbefehle sind?

Der Polizist kramt eine Weile und findet nicht, was er sucht.

Am Ende sucht er ein Schreiben, einen Befehl von der „Geheimen Staatspolizei?"

Da, links an der Ecke seines Schreibtisches, da liegt so ein Wisch.

Das scheint ein Briefkopf der Staatspolizei zu sein. Ich kenne diese Dinger.

Das ist bestimmt der Haftbefehl, den er sucht.

„Einen Augenblick", sagt der Beamte, und fügt ein „setzen Sie sich!" hinzu.

Was heißt das?

Warum gibt er mir nicht *gleich* den Stempel?

Warum sagt er „einen Augenblick?"

Und was heißt: „Setzen Sie sich?"

Der Beamte steht auf und geht ins Nebenzimmer.
„Polizeikommissar", lese ich an der Tür.
Aha! Er will ihm sagen, daß ich hier bin.
Nach einer Weile kommt der Beamte mit dem Kommissar aus dem Zimmer.
Auf mich zu.
Ich fühle, wie ich erbleiche.
„Guten Tag", grüße ich ihn.
„Heil Hitler", antwortete er und —
geht an mir vorüber.
Er tritt ans Telephon und verlangt eine Nummer von der Zentrale.
Ist das nicht die Nummer der Staatspolizei??
Gewiß! Gewiß!!
Der andere Beamte tritt inzwischen auf mich zu und verlangt meinen Meldeschein.
„Bitte!", überreichte ich das Papier und schon sitzt mein Stempel oben.
Was denn?
Man wird mich doch nicht verhaften, wenn ich den *Stempel* bekomme?!

Ich wisch mir den Schweiß von der Stirn.

„Danke", sage ich etwas lauter als sonst und —: „Guten Tag".

Draußen, auf dem Korridor, mußte ich meinen Kragenknopf öffnen.
Schneller als sonst ging ich durch die Straßen.
Es war heut' verdammt heiß!
Ich suchte mein neues Quartier auf.

Zwei Tage lebte ich wieder in Spannung.
Wird man mich das *nächste* Mal auf der Polizei verhaften?

Dann kam der Stempeltag.
Ich humpelte wieder hin.
Das Nervenspiel begann von Neuem.

Im Dritten Reich

So kam der 29. November 1933 heran.

Ich stritt mit meinem Gewissen, ob ich mir auch noch am 1. Dezember einen Polizei-Stempel holen müsse — oder ob der 29. November mein letzter Stempeltag sei.

Mein Selbsterhaltungstrieb gebot mir, Vorsicht walten zu lassen. Meine polizeiliche Meldung beendete ich — sicherheitshalber — mit dem 29. November. Mein Gewissen beruhigte sich bei dem Gedanken, daß die Nazi-Regierung *gar* kein Gewissen hatte, als sie mich sieben Monate lang einsperrte und quälte, als sie mein Eigentum zerstören und stehlen ließ und sich sogar selbst am Diebstahl beteiligte.

Warum stellt man mich noch zwei volle Monate nach meiner „Schutz"haft unter *„Polizeiaufsicht?"*

Meine Entlassung aus der Schutzhafthölle erfolgte unter der Voraussetzung, daß ich „keine, wie immer geartete Tätigkeit entfalte, die dem Aufbau des nationalsozialistischen Staates irgendwie hinderlich sein könnte".

Ich verstehe! Diesem fieberhaft zum Kriege rüstenden Staat würde jedes ehrliche Wort des Friedens „hinderlich sein". Jede humanitäre Gesinnung würde den „Aufbau des nationalsozialistischen Staates" stören.

Über kurz oder lang käme ich wieder in „Schutz"haft.

Es blieb mir also nur die Wahl zwischen völliger Selbstaufgabe — oder Aufgabe des Kommisstiefel-Deutschlands.

Ich mußte, auch zum Schutz meiner Kinder, das freiheitliche Ausland aufsuchen. Meine 15jährige Tochter wollte man zwingen, „freiwillig" in die „Hitlerjugend" einzutreten. Sie verstand es geschickt, alle diesbezüglichen freiwilligen Zwangsbestimmungen zu umgehen. Aber wie lange noch? …

Besonders schwer hatte es mein neunjähriger Junge. Er ging, bis zu Hitlers Machtergreifung, in eine Gemeinschaftsschule, aus der bald eine *Gemeinheits*schule gemacht wurde, mit echtem „Hitlergeist", d.h.: die Kinder wurden *geprügelt* (wahrscheinlich, um sie für spätere „Schutz"haft vorzubereiten).

Die Kleinen gingen zitternd zur Schule. Sie erlebten die widerlichste Charakterlosigkeit ihrer Lehrer, die sich freiwillig „gleichschalteten". Dieselben Lehrer, die im demokratischen Staat die Kinder als *Kameraden* behandelten, dieselben Lehrer prügeln jetzt ihre ehemaligen kleinen Freunde.

In den Pausen wird exerziert. Das freie, ungezwungene Spielen ist streng verboten. Die Kinder müssen auf den Schulhöfen in Reih' und Glied marschieren. Achtete die Lehrerschaft *vor* der Hitler-Regierung besonders auf das kameradschaftliche Verhalten der Kinder untereinander — denn sie sollten ja zu freien Staatsbürgern erzogen werden — so tun sich jetzt dieselben — „gleichgeschalteten" — Lehrer besonders hervor in der Schulung der Kinder zum Denunziantentum.

Kinder, die besondere Begabung zum Kriechen zeigen, haben in den Pausen „Aufpasser"-Dienst und denunzieren ihre kleinen Kameraden beim Lehrer, wenn sie nicht „vorschrifts-mäßig" marschierten oder nicht militärisch genug grüßten.

Die „Gemeldeten" erhalten dann die „vorschriftsmäßige Prügel" von denselben Lehrern, die vor Hitler die größten Gegner der Prügelstrafe waren. Jetzt gilt es ja, die Kinder nicht zu selbständig denkenden Bürgern zu erziehen, sondern zu Hitler-Soldaten, zu Kanonenfutter ...

Auch mein siebenjähriger Junge litt furchtbar unter dem „Hitlergeist" in der Schule. Er besuchte bisher eine Montessori-Schule. Diese, in der ganzen Welt berühmte und geschätzte pädagogische Lehrmethode, nach der die Kinder *individuell* erzogen werden — wurde von Hitler sofort verboten. Die bei den Kindern so sehr beliebten Montessori-Lehrer und -Lehrerinnen wurden entlassen, die Montessori-Kindergärten geschlossen. Jetzt werden die Kinder im Befehlston gedrillt. Auf dem Katheder sitzt nicht mehr der liebe, gute Lehrer, der mit den Kindern scherzt und lacht, dort hockt jetzt „wie der böse Geist im Märchen", ein SA.-Standartenführer, im Nebenberuf Lehrer, der immer so schimpft und sich mit seinem Rohrstock auf die Kinder stürzt, wenn sie nicht ausgerichtet, wie die Soldaten, in den Schulbänken sitzen …

Es sei an dieser Stelle gern der tapferen Lehrer und Schulleiter gedacht, die sich *nicht* „gleichschalten" ließen, die wegen ihrer aufrichtigen Gesinnung aus ihren Ämtern geworfen wurden oder gar in „Schutz"haft kamen. Viele wurden von ihren ehemaligen „Kollegen" denunziert — viele hat man mißhandelt und getötet, weil sie sich tapfer zu ihrer bisherigen, freiheitlichen Weltanschauung bekannten.

Was unter Hitler vom früheren Lehrerkollegium verblieb, das waren Unteroffiziere, die unschuldige Kinder zu Soldaten drillten.

Kanonenfutter …

Die Verantwortung und Liebe für meine Kinder gebot mir — neben meinem Selbsterhaltungstrieb — dieses kasernierte Deutschland zu verlassen und eine neue Heimat zu suchen.

Vielleicht wäre ich noch geblieben, aber am 22. Dezember war ein neuer Prozeß gegen mich angesetzt.

Da man mir „keine, wie immer geartete Tätigkeit" nachweisen konnten, so kamen die Nazi-Behörden auf den Gedanken, über meine *frühere* antimilitaristische Tätigkeit noch einmal zu Gericht zu sitzen. Die Strafen bei meinen Verurteilungen in früheren Prozessen erachteten die neuen Machthaber als viel zu gering, obwohl ich mittlerweile eine kleine summe von *Jahren* hinter Gitter abgesessen hatte.

Jetzt stand mir bevor, daß alle meine früheren politischen Vergehen noch einmal untersucht und erneut unter Strafe gestellt würden. Das heißt nichts anderes, als daß mir der liebe Gott ein *zehn*mal so langes Leben schenken müßte, als er in Aussicht genommen hat.

Es schien mir nicht zweckdienlich, alle meine Gerichtsprozesse noch einmal aufrollen zu lassen, alle Strafen noch einmal abzusitzen.

Die Staatsanwälte und Richter, das wußte ich ja aus alter Erfahrung, waren — trotz aller meiner Plädoyers — unbelehrbar.

Die Gerichtsvollzieher brauchte ich jetzt allerdings nicht mehr zu fürchten, denn die Nazis hatten mich schon völlig ausgeplündert. Ich war „Wohlfahrtsunterstützungsempfänger".

Da sie mir auch meine Gesundheit genommen hatten, so konnte man mich nicht in den „Arbeitsdienst" oder auf „Landhilfe" schicken.

Mir blieb nur noch Hoffnung und Geduld.

Von der ersteren Sorte hatte ich mehr, aber davon wurden meine Kinder nicht satt. Geduld mußte ich üben, denn es galt ja noch, die schwierigste und gefährlichste Arbeit: das *Archiv-Material* des „Anti-Kriegs-Museums" über die Grenze zu bringen, um in einem freiheitlichen Land ein neues Friedens-Museum zu gründen.

Polizeispitzel beobachteten mich, Nazis suchten mich.

Da hieß, es vorsichtig zu sein. Um so mehr, weil ich mit meinem humpelnden Bein und meinem Krückstock schnell erkannt werden konnte …

Vom 30. November bis 15. Dezember ging ich oft mit Paketen durch die Straßen Berlins.

Einmal hat mir ein Nazi bereitwillig ein Paket tragen helfen; es war aber auch *zu* schwer, denn die Druckstöcke meiner Anti-Kriegs-Bücher und die photographischen Platten des Archivs machten das Paket recht schwer. Der braune Krieger hat mir also bei meiner illegalen Arbeit geholfen.

Illegal?

Ist denn die Arbeit für den Frieden im „friedlichen" Hitler-Deutschland unter dem „friedlichen" Reichskanzler Hitler *illegal*??

Wahrhaftig — es ist so!

Deutschland ist eben das Land der unbegrenzten Widersprüche.

Mein *Friedens*schiff „PAX VOBISCUM" hat man zum *Kriegs*schiff gemacht.

Mein Friedenshaus hat man beschlagnahmt, weil — wie mir ein hoher Regierungsvertreter erklärte — das Haus „*für pazifistische und somit (!) staatsfeindliche Zwecke*" verwendet wurde.

Also mußte ich recht vorsichtig sein mit der Sicherstellung des Archivmaterials, das ich vor Hitlers Regierungsantritt rechtzeitig aus dem Museum geschafft hatte.

In allen Stadtteilen, bei vielen Freunden, in unzähligen kleinen Paketen, war alles versteckt. Jetzt hatte ich die Aufgabe, dieses Material wieder abzuholen und über die Grenze, ins sichere Ausland, zu bringen.

Eine schwierige Sache.

Das dauerte 20 Tage.

Jeden Tag mußten neue Vorsichtsmaßregeln getroffen werden.

Jeden Tag tauchte neuer Widerstand auf.

Irgend ein Zufall konnte alles gefährden.

Ein guter Freund hatte mir geholfen. Um Haaresbreite wäre er beinahe gleich am ersten Tage „hochgegangen". Er fuhr mit seinem Fahrrad, den Rucksack voller Museumsmaterial auf dem Rücken, durch eine belebte Straße. An der Straßenkreuzung, bei der Verkehrsampel, steht ein Schutzmann. Ausgerechnet! Nur schnell vorbeifahren!

Um andere Verkehrsfahrzeuge zu überholen, lenkte der Freund sein Fahrrad etwas zu weit nach links. Jetzt schnell — — — beim Schutzmann vorbei — — — da flammt das rote Licht der Verkehrsampel auf.

Verdammt! Es nützt nichts; der Freund muß anhalten, dicht bei dem Schutzmann, der sofort auf ihn zukommt und ihn anbrüllt, daß er zu weit links gefahren sei. Der Polizist fordert ihn auf, „mitzukommen". Mit dem Material auf dem Rücken! Er überlegt blitzschnell, ob er den schweren Rucksack abwerfen, auf's Rad springen und entfliehen soll?

Der Schutzmann schien etwas zu ahnen. Er legt seine schwere Hand auf das Rad.

Zur Polizeiwache?

In eine Seitenstraße biegen sie ein, bleiben stehen.

„Zeigen Sie Ihre Ausweise!"

Aber die Papiere schienen in der Brusttasche vom Angstschweiß festgeleimt zu sein. Endlich ... da ... „Bitte!"

Der Schutzmann sieht einen Hakenkreuzstempel. Sein Gesicht wird freundlich: „Sie sind SA.-Mann?"

„Jawohl, Herr *Ober*wachtmeister".

Die Betonung lag auf dem „Ober".

Der „Ober"wachtmeister wird noch freundlicher.

Nach einer kameradschaftlichen, überaus höflichen Verwarnung darf der Freund weiterfahren.

Mit „Heil Hitler!", tritt er in die Pedale. Feste!

Der schwere Rucksack schien federleicht.

Das Rad schien Flügel zu haben.

— —

Am Tage darauf stieg ich in die Untergrundbahn mit zwei Paketen ein.

Ein SA.-Mann sitzt mir gegenüber.

Den Kerl kenne ich doch?

Das ist doch ...?

Natürlich kenne ich den!

Ich überlege, wer er ist. Wo habe ich dieses Gesicht, dieses ganz bekannte Gesicht, schon 'mal gesehen?

Das war doch ein SA.-Mann aus der Parochialstraße. Der Kerl ging doch oft an meinem Museum vorbei?

Zentnerschwer liegen die Pakete auf meinen Knien.

Zum Glück hat mich der Nazi noch nicht entdeckt.

Er liest seinen „Angriff". Er hat mich noch nicht gesehen.

Den Hut tiefer ins Gesicht, beobachtete ich heimlich mein Gegenüber. Wenn der mich erkennt — und er *wird* mich erkennen — dann bin ich verloren.

Ich wage nicht aufzusteh'n und auszusteigen, obwohl meine Station längst vorbei ist.

Erst soll der Nazi aussteigen!

Wie weit fährt denn dieser Kerl?

Sieht er nicht heimlich, über die Zeitung, zu mir herüber?

Da! — Jetzt wieder...!

Kein Zweifel, er hat mich erkannt.

Endstation. Ich *muß* aufstehen.

Der Nazi auch.

Mir fällt vor Schreck mein Krückstock um.

Der Nazi springt hinzu, hebt ihn auf, gibt ihn mir.

Ich wage nicht, dem Kerl ins Gesicht zu sehen.

Meine schlaffen Hände fassen zitternd die Pakete.

„Gestatten Sie?", sagt der Kerl.

Ich habe so hämische Worte noch nie in meinem Leben gehört.

Er trägt *beide* Pakete.

Ich humple hinter seinem breiten Rücken.

Der Kerl wird mich — mit samt meinen Paketen — zur nächsten Nazi-Kaserne bringen.

An der Billettsperre dreht er sich plötzlich um.

Einen Moment sehe ich ihm ins volle Gesicht.

Das ist doch ...

Das ist doch gar nicht der ...?

„Danke!", *schreie* ich. „Danke!", wiederhole ich ruhiger und nehme ihm meine Pakete ab.

Jetzt trage ich *zwei* in *einer* Hand!

Ich hätte *zehn* tragen können!!

In der ander'n Hand den Krückstock — verschwindet ein Glücklicher im Gewühl der Aussteigenden!

Am ander'n Ende der Untergrundbahn aber steige ich wieder ein und fahre vier Stationen zurück

Ich war in der Aufregung zu weit gefahren.

...Strategischer Rückzug

20 Tage dauerte dieser Nervenkitzel.

Dann war alles in Sicherheit.

Telegraphische, fingierte Nachrichten meiner Freunde im Ausland, bestätigten mir, daß dort alles Material gut angekommen war.

Jetzt mußte ich auf meine eigene Sicherheit bedacht sein.

Es war höchste Zeit.

Der Kalender zeigte den 20. Dezember.

In zwei Tagen, am 22. Dezember, stand ein neuer Gerichtsprozeß gegen mich an.

Das bedeutete: neue Verhaftung, neue Strafe, neue „Schutz"haft.

Das bedeutete mein sicheres Ende.

Man soll sein Leben nicht leichtsinnig wegwerfen.

Ich möchte noch weiter leben, um weiter kämpfen zu können für das schönste Ideal: den Weltfrieden!

Auf *diesem* „Feld der Ehre" wäre der wahrlich schönste Tod.

Aber hier in Hitler-Deutschland, in irgend einer „Schutz"haftzelle totgeprügelt zu werden, dazu verspürte ich keine Lust ...

Darum schüttelte ich am 20. Dezember 1933 den Staub von meinen Füßen, nahm meine Kinder bei der Hand und führte sie aus dem Lande der Knechtschaft und der Lüge durch einen märchenhaft verschneiten Wald, über Berge und Täler ...

Es war keine übereilte Flucht, wie etwa die Hitlers, als er 1923, nachdem sein Putsch in München nicht glückte, im Auto schleunigst das Weite suchte.

Ich machte mich auch durch keine blaue Brille unkenntlich, wie General Ludendorf, als er 1918 nach Schweden flüchtete.

Was mich aus dem deutschen Lande trieb, das war mein großer Freiheitsdrang.

Ein „Glück" — daß mir Hitler *alles* genommen, so hatte ich jetzt nichts zu tragen. — O', Ironie des Schicksals!

Ernst Friedrich räddad!

På julafton ingick till vår riksordförande ett telegram från författaren *Ernst Friedrich* med den glädjande underrättelsen, att den världsfrejdade antikrigskämpen med sin familj (hustru och två barn) räddats över gränsen till Tjeckoslovakiet och nu befinner sig i Prag, dit som bekant redan förut en hel del kända tyska freds- och humanitetskämpar flytt.

Sedan över en månad ha i den utomtyska radikala pressen offentliggjorts efterlysningar efter det berömda Antikrigsmuseets orädde grundare, för vars öde man fruktat det värsta. Svenska Freds- och Skiljedomsföreningens riksordförande, pastor *Per Gyberg*, vilken tycks vara den ende utlänning, som stått i kontakt med Ernst Friedrichs familj under det senaste av hårda prövningar fyllda året, har emellert...

Ernst Friedrich gerettet!

Aus der schwedischen Zeitung „F R E D E N ", Januar 1934.

Hier wäre Platz …!

Der gewaltige Neubau des Völkerbund-Palastes in Genf. Hier wäre Platz für das neue Friedens-Museum, wenn ... ja wenn!

Aber etwas hatte ich doch bei mir: zwei Dokumente vom „Friedenswillen" Hitlers: Einen *Hitler-Dolch* und eine *Übungs-Handgranate*. Diese Mordwaffen benutzt die Hitler-Jugend bei ihren „friedlichen" Kriegsübungen.

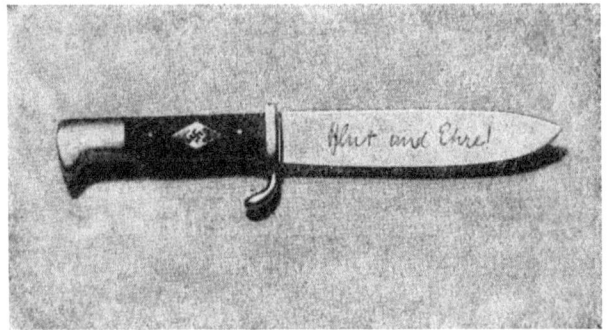

Millionen Hitlerjungens, von 10 Jahren an, erhalten nebenstehend abgebildeten Dolch, den sie mit Stolz tragen.

Von 15 Jahren an lernen die Hitlerjungens, mit diesen Handgranaten „Frieden" zu spielen.

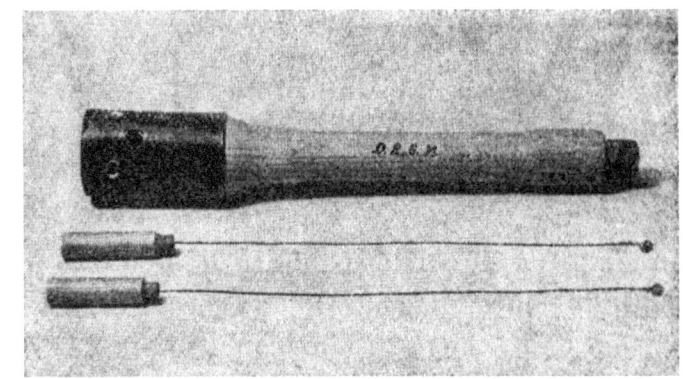

Übungshandgranate mit Zeitzünder

Der gesamten Weltöffentlichkeit will ich sie zeigen, diese untrüglichen Beweise der wahren „Friedensliebe" Adolf Hitlers.
Darum steckte ich diese Dinger zu mir, als ich über die Grenze ging.
„Blut und Ehre!", steht eingebrannt auf dem Hitler-Dolch.

Was denn für Blut? Das Blut seiner eigenen, friedlichen Volksgenossen läßt Hitler mit Nilpferdpeitschen aus den Leibern schlagen. Dazu braucht er nicht *diese* Mordwerkzeuge.
Diese Messer, die Millionen Hitler-Jünglinge voller Stolz tragen, diese Messer lechzen nach *Eurem* Blut: Franzosen! —
Diese Messer sollen Euch, Belgier — Euch, Tschechen, eines Tages zwischen die Rippen stechen.

So verlangt es deutsche „Ehre!"

Ich bin so „ehrlos" — das *nicht* zu wollen.

Weil ich nicht will, daß deutsche „Ehre" mit französischem oder belgischem oder tschechischem *Blut* repariert wird, darum stempelt man mich zum „Landesverräter", der den Tod verdient hat — weil er das Leben seiner Mitmenschen will …

Darum aber auch wäre mein Tod *gut* verdient, wenn es mir gelänge, Millionen von Menschen den Tod zu ersparen.

Es gilt, die Völker Europas zu warnen vor Hitlers Friedensreden, vor diesen Hitlerdolchen, damit sie wachsam sein mögen ... damit nicht eines Tages ihr Blut an den Hitlermessern klebt.

— — — — — — — — — — — — — — — — — — — —

Mehr als 20 Jahre habe ich in Deutschland für den Frieden gekämpft. Ich bin nicht müde geworden.

Nichts konnte mich enttäuschen.

Aber jetzt muß ich einsehen, daß jede weitere ehrliche Friedensbetätigung in diesem Lande gleichbedeutend ist mit Selbstmord.

Ich erinnere mich jenes Regierungsvertreters, der mir klipp und klar sagte, daß ich mein Haus „für *pazifistische* und *somit* staatsfeindliche Zwecke" benutzt habe.

Man muß das immer wieder feststellen:

Pazifismus ist in Deutschland staatsfeindlich!

Ich kann von meiner Überzeugung nicht lassen.

Lieber lasse ich von dem Lande, das meine Überzeugung mit Füßen tritt.

Vaterland?

Der Vater, der seinen Sohn täglich beleidigt und peinigt und peitscht, kann der von seinem Sohn Liebe erwarten?

Was kann ich lieben in meinem Vaterland?

Doch nicht den Vater des Landes, der andersdenkenden Volksgenossen *die Köpfe abhacken* läßt?

Kann ich das *Land* lieben, in dem ich wie ein Aussätziger umhergejagt wurde?

Kann ich den Boden lieben, der unterhöhlt ist mit unterirdischen Flughäfen?

Mein Vaterland ist dort, wo Menschen guten Willens sind.

Mein Vaterland ist die *Welt* — die Welt des *Friedens!*

Ich will nicht „Deutscher" — *ich will Mensch sein!*

Einfach Mensch!!

Meine Mitmenschen sind die Menschen des Friedens und der Güte.

Meine Landsleute sind in *allen* Ländern: es sind die Friedfertigen!

Ich hasse nicht — die mich hassen.—

Aber lieben kann ich nur die Liebens*würdigen!*

Der „deutscheste" aller deutschen Philosophen: Johann Gottlieb Fichte, der wegen seiner „Reden an die Deutsche Nation" bei Hitler besonders beliebt ist, verzichtete 1804 feierlich auf das deutsche Vaterland: denn Vaterland ist immer das Land der höchsten Kultur. „Es ist *nicht der Boden, nicht das Blut,* das die Menschen bindet, sondern der Geist in seinem ewigen Wandel allein ..."

Ich ging aus meiner Heimat, die mir *un*heimlich wurde.

Das harte Brot der Emigration esse ich, und ich bin glücklich dabei.
Lieber auf ärmlichstem Strohlager in der Freiheit, als auf weichen Daunen im geknechteten Deutschland!

Je größer der Lärm in den täglich und nächtlich fieberhaft arbeitenden Kriegswerkstätten Deutschlands schallt, um so lauter schreit der „Führer" Europa seine „Friedensbereitschaft" in die Ohren, *damit Europa den Lärm der Munitionsfabriken nicht hört!*
Niemand zweifle an Hitlers *heutigem* Friedenswillen!
Hitler braucht den Frieden — um noch mehr aufrüsten zu können!
Hitler braucht noch zwei Jahre Frieden — und dann ist er soweit!
Dann wird die Welt einen Krieg erleben, der den letzten Weltkrieg als kleines Vorpostengefecht erscheinen läßt ...

Erinnert Euch an den 22. April 1915.
Der belgisch-deutsche Frontalabschnitt an der Yser.
Ein herrlicher Frühlingsnachmittag.
Belgische und französische Soldaten erfreuen sich des schönen Wetters, träumen vom baldigen Frieden.
Sie recken und strecken sich in der Frühlingssonne,
sitzen gemütlich auf ihren Sandsäcken,
schreiben Briefe an ihre Lieben,
schlafen im Unterstand,
Frieden liegt über dem ganzen Frontalabschnitt.
Kein einziger Schuß.
Da verläßt gegen 17 Uhr ein niedriger, gelbgrüner Streifen die deutschen Linien.
Die wenigen belgischen Grabenposten — es ist ja heut' so friedlich — sehen erstaunt diesen sonderbaren Nebelstreifen herankommen.
Bald sind sie eingehüllt in eine gelbe Wolke.
Sie husten, erbrechen sich, fallen um, ersticken.
Die deutschen hatten einen neuen Heldentod erfunden: den Erstickungstod.
Die Deutschen hatten Senfgas abgeblasen!
Das Gas ist schwerer als die Luft.
Es sinkt in die Schützengräbern, dringt in die Unterstände und erstickt die Ahnungslosen,
die Briefschreibenden,
die Schlafenden.
Die Deutschen sind gründlich.
Hinter der Gaswolke tauchen ihre Stahlhelme auf, blitzen ihre Bajonette. Nase und Mund haben die Angreifer durch nasse Bäusche geschützt.
Fürchterlich rasen die Messer in die Leiber der hustenden, sich erbrechenden, am Boden sich windenden alliierten Soldaten.
Und es war doch ein so schöner, sonniger Frühlingsnachmittag.
Und die Deutschen schienen doch so friedlich ...

— —

Europa schläft.
Die Wachtposten rings um Deutschland hören die „Friedensschalmeien", die Hitler bläst.

Es träumt sich so schön.
Man unterschreibt Freundschaftsverträge,
hält Friedensreden.

In den chemischen Laboratorien Deutschlands züchtet man Bazillen und Bakterien für den *ewigen* Frieden ...

Nachwort

Das erste „Internationale Anti-Kriegs-Museum" ist nicht mehr.

Hitler, der immer wieder seine „Friedensliebe" in die Welt posaunt, er ließ das Friedenshaus durch seine braunen Soldaten zerstören.

„Bald wird nichts mehr erinnern an das Wirken des Herrn Friedrich", verkündete der Propagandaminister Goebbels in seinem amtlichen Organ, dem „Angriff".

Soll der Nazistiefel triumphierend den Friedensgeist zertrampeln?

Soll der Naziminister recht behalten?

Nein!

Tausendmal: Nein!!

Ein neues „Anti-Kriegs-Museum" wird erstehen!

Wer will mithelfen?

Der Völkerbund? Da Hitler hier ausgezogen ist, wären genügend Räume frei für ein „Friedens-Museum".

Viel Platz gäbe es im Genfer Palast des Völkerbundes.

Aber ich fürchte, hier wird man mich nicht hineinlassen.

Ich bin ein Vertreter des Friedens. In den Völkerbund kommen nur die Vertreter von Heer und Flotte.

Es wird schon an einem anderen Ort sein müssen, wo ich eine Möglichkeit habe, für den Frieden wirken zu können.

Ich werde wieder ganz von Vorne anfangen …

Mit einem Eimer Mörtel und 10 Ziegelsteinen habe ich begonnen, das erste „Anti-Kriegs-Museum" aufzubauen.

Wenn es sein muß, werde ich wieder so mühselig, so primitiv beginnen.

Die Liebe zum Werk wird den Bau beschleunigen.

Friedensfreunde in aller Welt werden helfen, Bausteine herbeizuschaffen!

Der Bauplan ist fertig.

In einem wirklich friedlichen Lande wird das neue Museum errichtet werden: *größer und umfangreicher als bisher.*

In Berlin wurde das Museum von Zehntausenden besucht.

Bald werden es *Hunderttausende* sein!

Hunderttausende werden bei der Besichtigung daran denken, daß Hitler, der „friedliebende" Hitler, dieses Museum in Deutschland nicht duldete und daß die pazifistische Betätigung in Deutschland als „staatsfeindlich" gilt und mit „Schutz"haft und Peitschenhieben bestraft wird.

*Bald wird alles wieder erinnern an das **friedvolle Wirken** von Ernst Friedrich …*

Wer hilft?

Neues und viel mehr Material hat Ernst Friedrich inzwischen gesammelt und er bittet auf diesem Wege alle wirklichen Friedensfreunde, ihm weitere Dokumente für sein neues »Anti-Kriegs-Museum« zuzusenden per »Einschreiben« (rekommandiert) an die Adresse:

Ernst Friedrich,

z. Zt.: Aarau (Schweiz) Landhausweg 43

Erbeten werden Kriegsphotos, Bilder, Bücher und Zeitungen, Kriegsplakate, Aufrufe und Befehle, Kriegsandenken und Kriegsdokumente aller Art, kurzum alles, was mit Krieg und Militarismus irgendwie zusammenhängt.

Auf Wunsch werden die eingesandten Kriegsphotographien nur leihweise, zu treuen Händen, genommen und nach Anfertigung von Kopien dem Eigentümer zurückgesandt.

Aufruf aus der Erstauflage,
Adresse ist nicht mehr aktuell!
Anti-Kriegs-Museum e.V., Berlin

Verboten

im Hitler-Deutschland sind die Schriften des Friedens-Freundes Ernst Friedrich. Seine Bücher wurden auf dem Scheiterhaufen

verbrannt

Doch sie töten den Geist nicht, ihr Brüder! Alle Werke werden wieder

neu gedruckt

Ferner sind von Ernst Friedrich bisher erschienen:

„Krieg dem Kriege" (2 Bände)

„Festung Gollnow"

„Eine königl. Republik"

„Proletarischer Kindergarten"

„Deutsche Helden"

„Leben und Werke proletarischer Dichter"

> „*Eine königliche Republik*" hat Ernst Friedrich nicht mehr veröffentlicht!
> Anti-Kriegs-Museum e.V., Berlin

Weihnachten 1935

erscheint:

Hier unser Blut...

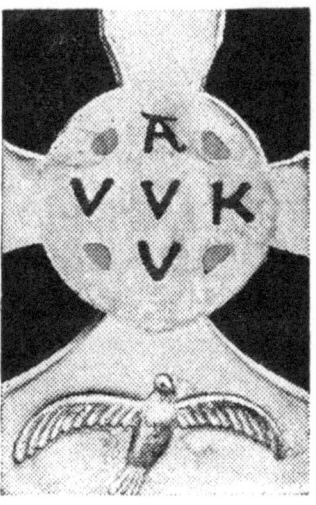

Zeitgeschichtlicher Roman

von

ERNST FRIEDRICH

In memoriam

Der Pazifist Ernst Friedrich

Anhang

Zum 25-jährigen Bestehen des Berliner Anti-Kriegs-Museums e.V.

Wenn Ernst Friedrich nur wüsste ..., dass es sein Anti-Kriegs-Museum seit 1982 wieder gibt, und dass der Friedensnobelpreisträger und ehemalige Bundeskanzler Willy Brandt 1987 an das nachfolgende Museum für den Frieden und an den Museumsleiter Tommy Spree, dem Enkel Friedrichs, schrieb: *„Es freut mich, daß Du die Erinnerung an Ernst Friedrich wachhältst; und ich wünsche Dir und allen Mitarbeitern des Museums viel Erfolg, denn zur konkreten Friedensarbeit gehört immer auch die Erinnerung an die schrecklichen Verwüstungen und das Leid, die Kriege den Menschen zugefügt haben"*.
Wenn Friedrich wüsste ..., dass sich ein Berliner Gymnasium 1997 nach ihm benannte und dass die Grünanlage gegenüber dem heutigen Museum *„Ernst-Friedrich-Promenade"* heißt und offiziell in Berliner Stadtplänen gekennzeichnet steht ...
Wenn er wüsste ..., dass die Bezirksverordneten des Berliner Bezirks Mitte am „Neuen Stadthaus" — direkt am ehemaligen historischen Standort des *„Ersten Internationalen Anti-Kriegs-Museums"* — nicht nur 2002 eine Gedenktafel, zur Erinnerung an Ernst Friedrichs Wirken, befestigen ließen; sondern drei Jahre später, zu beiden Seiten dieser Tafel, auch noch ein deutscher und ein französischer Stahlhelm, bepflanzt mit Geranien, angebracht wurden, wie sie in den 20er Jahren provozierend am Museumsgebäude hingen ...
Wenn Ernst Friedrich all dies wüsste ..., wie würde er in einer Wolke über Berlin hockend frohlocken und zu uns herunter sprechen: *„Die Nazis behielten nicht Recht. Es erinnert doch Einiges an das Friedensengagement des Ernst Friedrich ... Wer hätte das gedacht? Während der Zeit im Kaiserreich, in der Weimarer Republik und zu Hitlers Zeiten, habe ich nur Fußtritte bekommen ..."*

Das heutige Anti-Kriegs-Museum - in 13353 Berlin Mitte, Brüsseler Straße 21 - und seine ehrenamtlichen Helfer haben es sicherlich einfacher, als es in schwierigen Zeiten Deutscher Geschichte der Fall war. Unser heutiges Museum ist auch sehr dankbar dafür, dass es häufig Unterstützung von Berliner Behörden und Politikern - einschließlich der Zuwendung öffentlicher Finanzmittel - erhalten hat. Dennoch bleibt das Anti-Kriegs-Museum als Teil der Berliner Friedensbewegung, d.h., als ein Team bestehend aus Schülern, Studenten, Erziehern, Apothekern, Hausfrauen, Lehrern und Wissenschaftlern mehr eine familiär-private Unternehmung. Ernst Friedrich würde heutzutage den Staat anmahnen, etwa mit den Worten: *„Im Grundgesetz für die Bundesrepublik Deutschland, vom 8. Mai 1949 (Bonn), steht in der Präambel geschrieben, dass das Deutsche Volk beschlossen hat ‚... als gleichberechtigtes Glied in einem vereinten Europa, dem Frieden der Welt zu dienen'. Hätte dann nicht gerade der deutsche Staat die Verpflichtung, ein Museum für den Frieden - wie es das Berliner Anti-Kriegs-Museum darstellt - als staatliches Unternehmen zu führen?"* In Japan geschieht dies häufig in der Form, dass Friedens-Museen in Universitäten und deren Friedensforschungs-Abteilungen integriert sind.
Vielleicht besteht eine solche „staatliche Unterstützungs-Chance" für das Anti-Kriegs-Museum e.V. in der Zukunft, dann, wenn es um die Rückkehr des Museums an die alte Wirkungsstätte am „Jüdenhof — in der Parochialstraße" — geht und im Rahmen der baulichen Planungen des Berliner Senats für Stadtentwicklung neu entstehen könnte.

Selbstverständlich steht das heutige Anti-Kriegs-Museum in der Tradition von Ernst Friedrich. Und so wenden sich die Mitarbeiter/innen gegen jede Form von Gewalt und Krieg. Denn Krieg ist nicht das Mittel, um politische Konflikte zu lösen; Krieg bedeutet Zerstörung und die Abkehr von allen menschlichen Werten.

So wollen die Friedens-Aktivisten unseres Museums weiterhin Ausstellungen mit Schülern, Studenten, Politikern und Künstlern entwerfen, welche die Vernunft, die Toleranz und die Bereitschaft zur Versöhnung, mit dem Ziel eines zukünftigen Weltfriedens, stärken und unumkehrbar machen.
Dienen wir also gemeinsam dem Leben und dem Frieden auf dieser Welt! Für die Unterstützung des Berliner Anti-Kriegs-Museums, dem weltweit ersten Museum gegen Krieg,

dankt Tommy Spree, 02. Mai 2007

— dem 40. Todestag von Ernst Friedrich —

P.S.: Für die umfangreichen Digitalisierungsarbeiten zum Neudruck von Ernst Friedrichs *„Vom Friedens-Museum zur Hitler-Kaserne"* seien besonders gedankt:

Dieter Schmitz, Nadine Vollmer und Jaime Vázquez.

Dank an Dirk Weige, der den Neudruck initiierte und koordinierte.

Für Foto- und Layout-Arbeiten danken wir besonders Inna Jenniches, Fotografin.

II.

Nie
wieder
Krieg

Anti-Kriegs-Museum e.V.
13353 Berlin, Brüsseler Str. 21
Tel.: (030) 454 90 110, (030) 402 86 91 – Gruppenbetreuungen
Täglich geöffnet - auch sonn- und feiertags: 16 – 20 Uhr

Internet: www.anti-kriegs-museum.de
E-Mail: Anti-Kriegs-Museum@gmx.de

Spendenkonto bei der Postbank Berlin
BLZ 100 100 10, Konto-Nr. 451 524 102

Als gemeinnützige Organisation
gemäß § 10 b EStG Gesetz anerkannt.
Spendenquittungen werden ausgestellt.

Krieg ist ein Verbrechen gegen die Menschheit.
Ich bin daher entschlossen, keine Form von Krieg zu unterstützen und für die Beseitigung
der Ursachen von Krieg einzutreten.

Grundsatzerklärung der War Resisters' International, London (WRI)
und der Mitarbeiter/innen des Anti-Kriegs-Museums